ポジティブ・ワード

Positive Word

自分らしさと夢を見つける法則

メンタリスト
DaiGo

日本文芸社

はじめに——自分を動かし人生を変える言葉のサプリメント

私のTwitterアカウント（@Mentalist_DaiGo）のフォロワー数は、気がつけば24万人を超えていました。

本や「ニコニコ生放送」の告知を除けば、ツイートは基本的に1日に2回。内容は、私が日々の生活、仕事、そしてなによりも大事にしている読書と研究から得た気づきをまとめたものです。

どんな感じのツイートなのかは、実例を見ていただくとわかりやすいでしょう。たとえば、最近のツイートでいうと……。

自分の世界をつくろう。
世間の評判に惑《まど》わされず、他人に干渉されずに、なすべきことをなすには、自分が信じる世界をつくる必要がある。

あなたが絶対的に信じることができるものは何だろうか。
それがわからないうちは、他人に惑わされて不自由な人生を生きるしかない。

――２０１６年11月21日

いかがでしょうか。

私の個人的な気づきから、フォロワーの皆さんにも役立つ普遍的なエッセンスを抜き出し、１４０字という字数制限に合わせてできる限りわかりやすく言語化する。私は、いつもそのようにしてツイートしています。

ですから、「あのツイートの意味について詳しく教えてください」といった要望がフォロワーの方から届いたり、「ＤａｉＧｏさんのツイートを解説する本をつくりましょう」と日本文芸社から提案されたりしたときには、意外に感じました。

「全部ツイートの中で言い尽くしているじゃないか」と思ったのです。

しかし、「もっと詳しく」という要望を繰り返し受けているうちに、私は気づきました。皆さんが求めているのは、「応用の仕方」なのだと。私のツイートを、実際の行動につなげるためのヒントなのだ、と。

本書は、そんな考えで書いた、きわめて実用的な1冊です。

これまでのツイートの中でもフォロワーの心に刺さり、特に反響が大きかった43のツイートを厳選しました。関係のある、かつ使える心理学・脳科学の知識を解説するとともに、「人間関係」「恋愛」「仕事・お金」という、特に要望の多かった分野別に、ツイート内容の実践的な応用例を紹介しています。

日々の生活を改善し、人生をゆるやかに変えていくサプリメントのような言葉が、その「用法」とともにつめ込まれた1冊になったのではないかと自負しています。そして、自分らしさと夢を見つける法則を綴《つづ》った本でもあります。

その効果のほどを体感してもらうには、実際にページをめくっていただくのが一番でしょう。

どのページを開いても、人生を変える行動にあなたを駆り立てる、ポジティブな言葉が見つかるはずです。

こうした性質上、本書は普通に読んで終わりではなく、ぜひ使っていただきたいと思っています。

そこで、本書の活用法をここで説明しておきましょう。

もっとも基本的な使い方としては、悩んでいるとき、行き詰まりを感じているとき、なんとなくモヤモヤするときなど、「今の状況を打開するヒントが欲しい」というときに本書を開いてみましょう。

そして、まずは目次を見てください。本書は、大きな４つのパートに分かれています。

「ＰＡＲＴ１　自分らしさを見つけよう」は、自分の強みを活かすこと、自分の基準で選択することの大切さについて。

「ＰＡＲＴ２　行動次第で人生は変わる」は、過去にとらわれずに未来を切り開くこと、そのための行動の重要性について。

「ＰＡＲＴ３　失敗も不安も怖くない」は、失敗や不安といったマイナスに見える要素が、じつは成功や幸福につながっているということについて。

「ＰＡＲＴ４　壁を乗り越えるために」は、苦しいとき、やる気が出ないとき、自信を失ったときに、どうやって立ち直るかについて。

各パートはだいたい以上のような内容になっていますが、とりあえずは目次を見てピンとくるものを直感で選んでください。そのパートの中にある見出しを順に見ていって、今のあなたに役立ちそうな項目を、これまた直感で選びましょう。

そのページを読めば、きっと今のあなたにぴったりな具体的行動のヒントが見つかるはずです。

また、悩んでいる内容が「人間関係」「恋愛」「仕事・お金」のいずれかの分野に当てはまるなら、各項目の該当部分だけを順に読んでいくのもオススメです。

あえて、ぱっと開いた項目の「恋愛」を読んでみる、といったやり方もなんらかの「啓示」をもたらしてくれるかもしれません。

もちろん、毎日1項目ずつ読み返して、新しい行動を1つずつ積み重ねていくのも効果的なエクササイズです。

いずれにしても、本書を使いこなせるようになる頃には、ここに収録されていないツイートについても、その応用例を自分なりに考え、行動できるようになっているでしょう。

そのときは、あなたが私の言葉をどんなふうに役立ててくださったのか、ぜひリプライで知らせてください。

２０１６年12月

メンタリスト　ＤａｉＧｏ

ポジティブ・ワード／目次

PART 1

自分らしさを見つけよう

PART 2

行動次第で人生は変わる

PART 3

失敗も不安も怖くない

PART 4
壁を乗り越えるために

カバーデザイン／萩原弦一郎、藤塚尚子（ISSHIKI）
撮影／天野憲仁（日本文芸社）
ヘア・メイク／永瀬多壱（VANITÊS）
スタイリスト／松野宗和
本文デザイン／玉造能之、荒井千文（ISSHIKI）
本文イラスト／大塚たかみつ
編集協力／山根裕之
構成／川端隆人

PART 1

自分らしさを見つけよう

1

―自分を好きになるには？―

自分を好きになれば、人生は好転する

自分を好きになれば、人生は好転する。
だから、自分の人生をいい方向に変えたいならば、
毎日あなたが行なっている行動に注目して、
それを行なうことで
自分をもっと好きになれるかを考えてみよう。
自分を好きになれないような行動をとっているなら、それを改めればいい。
自分を本当に好きになれば、人生は変わる。

「過度の一般化」による決めつけは禁物

「自分のことが嫌いです」

「こんな自分を好きになるには、どうしたらいいんでしょうか」

そんなふうに言う人は少なくありません。

けれども、ちょっと考えてみてください。

たとえば「中国人は強欲だ」とか、「インド人は平気でウソをつく」といったことを口に出す人と接したとき、あなたはどう感じるでしょうか。

ネットやテレビで知ったイメージ、あるいは自分の知っているいくつかの例だけをもとにきめつけて偏見を振りまいている、無教養で思い込みの強い人。そう評価すると思います。

実は、「自分が嫌い」というのも、「中国人は……」とか、「インド人は……」というのと同じ、**「過度の一般化」**です。**自分がしているいくつかの行動が嫌いなだけなのに、まるで自分という存在自体が嫌いなように決めつけているだけなのです。**

どんな人でも、自分を好きになれないような行動だけをし続けるのは不可能です。夢中になって何かを楽しんでいるとき、「自分が嫌い」といった意識はなくなっています。

「自分が嫌い」と感じる人は、自分を好きになれないような行動を選択しているにすぎません。

私も、テレビ出演が一番多かった時期には、正直なところ自分をあまり好きになれませんでした。本当にやりたいことではなく、自分があまり興味のない仕事に軸足が置かれていたからです。

今となっては、自分が嫌いだったのではなく、興味のない仕事を続けるという自分の行動が好きになれなかったのだな、とわかります。

【人間関係】

合わない人と無理をして付き合う、時間の無駄だなと思う飲み会にイヤイヤ参加する、といった、自分を好きになれなくなる行動は避けましょう。本当に大事にしたい人間関係、価値ある人間関係に時間を使いましょう。

ちなみに「尊敬する人、お近づきになりたい人はいます。でも、そういう人たちと知り合えるチャンスがありません」という相談を受けることがあります。会いたい人と会うためにどうすればいいか。答えは簡単で、普通に連絡をとってみればいいのです。たとえば企業の経営者だったり、大学の研究者などは、ウェブ上に連絡の取れるメールアドレスを公開していることが多い。そこにメールを送ってみればいいのです。意外と返事があることが多くて驚くと思います。

【恋愛】

自分を嫌いになる恋愛を繰り返してしまう人がいます（いつも同じタイプの駄目な男にハマってしまうなど）。「どういう人と、どんな恋愛をしたら自分を好きになれるか？」を考えてみましょう。**自分の中にしっかりと「よい恋愛」の軸を持つのです。すると、相手に振り回されることがなくなります。**

反対に、「この人はどうすれば自分のことを好きになってくれるだろう」と考えてしまうと、相手に振り回される、ひどい恋愛が待っています。

【仕事・お金】

仕事で成功する方法は、大きく分けて2つ。「誰もやらないことをする」か、「誰もやれないぐらいのレベルまでやる」かです。

前者は非現実的ですが、後者は望みがあります。

本当に好きなことだったら、誰もやれないくらいのレベルまで突き詰めることは可能です。

たとえば「読書」は誰にでもできることですが、「一日中部屋にこもって本を読んでもつらくない」という私のようなレベルになると、強みになります。

本当に好きなこと、自分を好きになれる行動には、成功のチャンスが隠れています。

POINT

本当に好きなことをやり、自分を好きになれる行動をとろう

2

―自分の個性を活かすには？―

この世にいるだけで、あなたは貴重な存在だ

遺伝子レベルで考えれば、
あなたがあなたとして生まれる確率は300兆分の1だ。
あなたはこの世にいるだけで貴重な存在なのだ。
せっかくなら、
300兆分の1の個性を活かした仕事に就き、
趣味を楽しみ、自分に合う友達と付き合い、
徹底的に自分らしく生きよう。
世間の目を気にする必要など全くない。

自分が必要とされるのは、どんなときか？

才能とは何でしょうか。

それは、個性を上手に活かすことです。

あなたと同じ遺伝子を持つ人が生まれる可能性が300兆分の1ということは、自分と個性が「かぶる」人はまずいないと思っていいでしょう。誰もが個性的なのですから、才能は持っているとか持っていないとかの問題ではありません。持っているものを活かしているかどうか、の問題なのです。

どうすれば個性を活かして自分らしく生きられるかといえば、自分の個性を使って人に「与える」こと。

たとえば、私の個性は好奇心の強さです。好奇心があるからいろいろなことを知りたい、学びたい。ならば、そうやって手に入れた知識をシェアすれば人の役に立てる。そんな発想から、本を書いたり、「ニコ生」で配信したり、企業相手にコンサルティングをしたり、プライベートでも友人や知人の相談に乗ったり……といった自分らしい生き方が見つかりました。

もちろん、私の個性を活かして与えられるものを必要としない人もいます。

そもそも、人の役に立ちたい、何かを与えたいという姿勢を「偽善」として否定する人だっているでしょう。それは気にしないこと。３００兆分の1の個性なのですから、万人に受け入れられるはずはありません。

それよりも、**自分は誰の役に立てるのか、どんな場所で必要とされているのかを考えることです。**

【人間関係】

「この人とは合う、合わない」とか、「この場での自分のキャラクターは……」といったことを考えることは多いでしょう。

それはいいのですが、さらに一歩進んで「この人に何を与えられるか」「このグループにはどんな貢献ができるか」を考えると、より自分の個性を活かせるようになります。

自分の個性の活かし方のパターンをいくつか持っておく（たとえば私なら、「人の心が読める・操れるメンタリスト」というキャラクターと、「膨大な読書量の知識人」というキャラクター）

のもいいでしょう。

【恋愛】

相手に合わせるのではなく、「自分はこういう個性を持っている。それをどう活かせば相手に貢献できるか」と考えれば、自分らしさを失わず、いい関係が築けます。

また、この姿勢だと、相手に「こうであってほしい」「どうしてこうしてくれないの」と不満を抱くモードに入らず、「何かしてあげたい」という前向きなモードでいられるのもいいところです。

【仕事・お金】

「医者になりたい」とか、「一部上場企業のメーカーを志望する」などと言う人がよくいます。キャリアを形成していくうえで、こんなふうに「どんな仕事をするか」「どこに勤めるか」などをいきなり考えるのは、選択肢を狭めてしまい、失敗のもとです。

私の場合でも、大学生の時に「どんな職業に就くか」と考えていたら、現在のような仕事はしていなかったことでしょう。

自分の個性をどう役立てられるか？

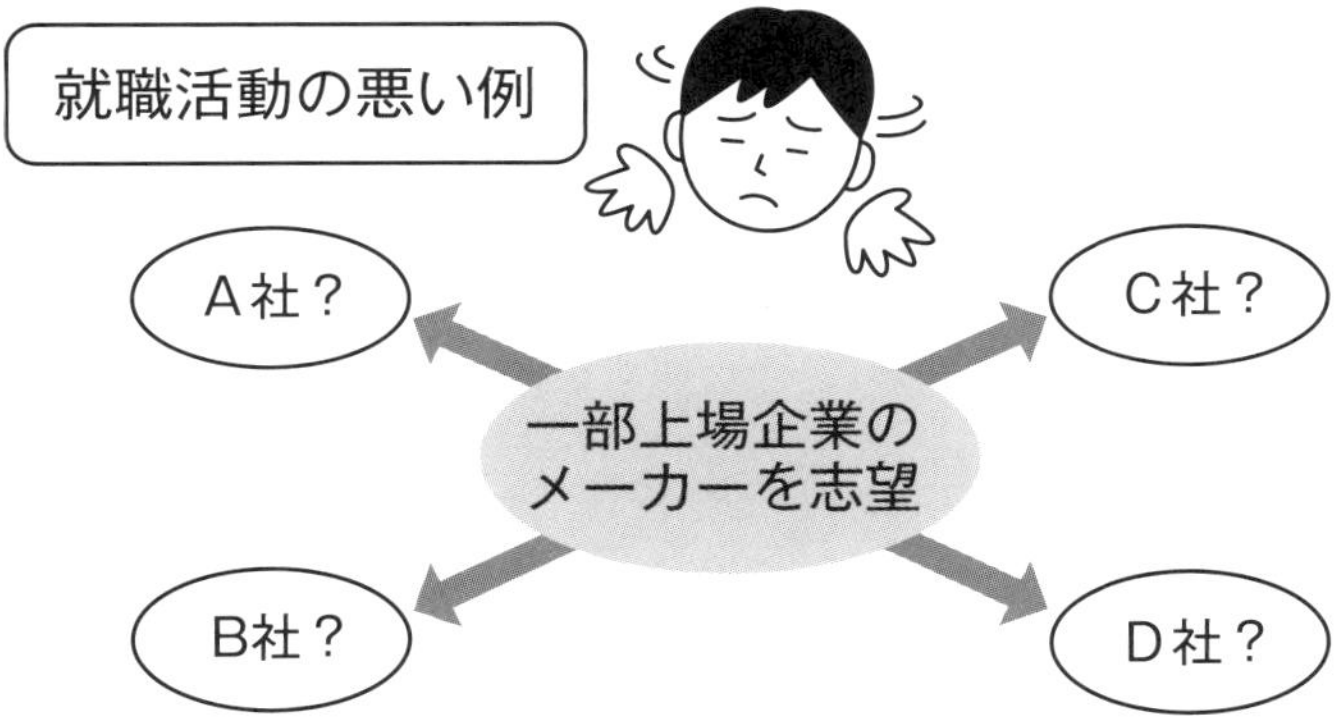

いきなり業種や職種、企業から就職先を
考えると失敗する。

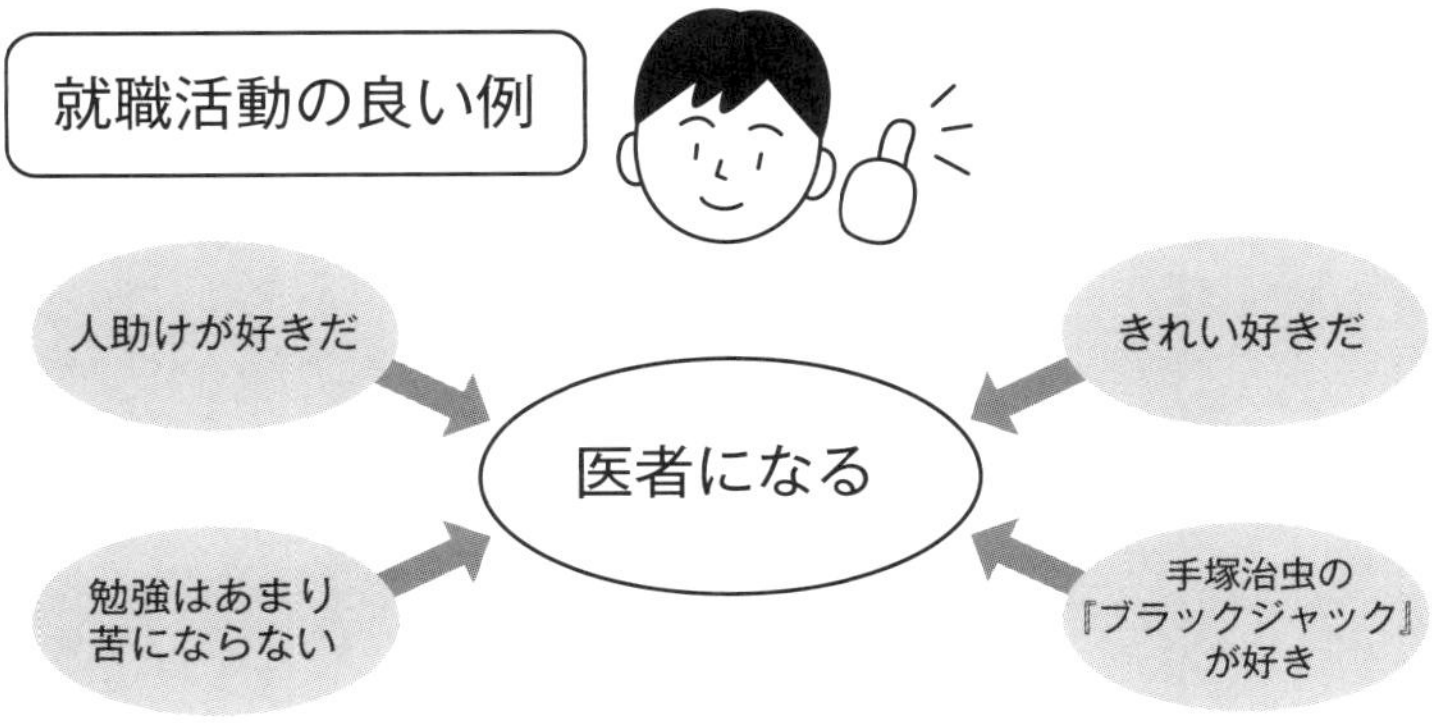

自分の個性、長所、強み、好きなことを考え、
就職先を決める。

仕事について考えるとは、今ある業種や職種、あるいは就職先の企業について考えることではありません。その前に、自分の個性は何か、それを活かしてどう人の役に立てるのかを考え、そこから仕事をつくるべきなのです。

たとえば、**自分は人助けが好きだ、勉強は苦にならないという個性がある。それを人の役に立てるには？　と考えて「医者になる」という選択肢が出てくる。**こんなふうに、自分の個性から出発して仕事について考えてみましょう。

また、個性を活かすという意味ではビジネスノウハウにも要注意です。たとえば「カバンはハンカチの上に置く」というやり方は、気を使うのが好きな人にとってはいい方法ですが、万人にとっての正解ではありません。

ノウハウを学んで使うのはいいのですが、自分の個性に合った方法を選ぶことを忘れないように。

POINT

自分の個性を使って、人に「与える」ことを考えよう

3

—性格を変えるには？—

性格は簡単には変えられないが、行動は変えられる

性格は簡単には変えられないが、
行動は変えることができる。
本を読み、経験を積んで知識を手に入れれば、
行動は簡単に変えられるのだ。
そしてその行動を継続して初めて、
性格まで変わった自分に気がつく。
自分の性格を嘆くのではなく、
行動を反省するようにしよう。

自分の考えている「性格」は、ただの思い込み

性格よりも行動のほうが変えやすい、というのは当然です。落ち着きのない性格を落ち着いた性格に変えるのは容易ではありませんが、腕組みをしてどっしり座ることはすぐにできます。

そもそも性格は、自分で把握するのでさえ簡単ではありません。自分で思っている性格と、他人から見た性格は真逆だったりします。また、性格が変わったかどうかの判定も難しい。

それに比べて、行動はどう変えるか、変わったかどうかを認識しやすいのもメリットです。

変えやすいところから行動を変えていくことで、性格は確実に変わります。

人間は、自分が取りやすい行動に基づいて「自分の性格」を決めています。飲み会に誘われたとき、付き合うよりも断るほうを選びやすい人は「自分はこういう性格（内向的、引っ込み思案、暗い……etc.）なんだ」と思うわけです。つまり、性格とは思い

込みである、とも言えます。

ですから、性格を変えたいなら、普段自分が取らない行動を意図的に取るように習慣づければいいのです。

普段は断る飲み会に行ってみたり、いつものバスではなく、徒歩で帰宅してみたり。最初は面倒に感じるでしょうが、慣れてくるとその行動を取りやすくなり、やがて「あれ？　性格変わったんじゃない？」と言われるようになるのです。

もしも今の自分の性格を変えたいなら、まずは1つ、いつもと違う行動をとってみましょう。

【人間関係】

もともと私は、大人数で遊んだり、パーティーに行ったりといったことをしない人間でした。そのせいで、幅広く仕事をしている割には友人も多くなかったのです。そして、「自分は1人でこもりがちな性格だから」と思っていたのです。それがあるとき、「こもりがちな性格なのと、実際にこもるという行動をとるのは別だ」と気づきました。ものは試しと、以前なら絶対に行かなかったような場に出て行くと、意外と面白い。

大人数で人狼ゲームをやるような場では、「ＤａｉＧｏが来ると面白い」と言ってもらえたりもします。すると、少しずつ他人《ひと》付き合いが楽しくなってくる。最近は、「誘ったらこんなに出てくるタイプだとは思っていなかったよ」と言われたりします。つまり、性格が変わったということです。

おそらく、1人でいるのが好き、という私の性格の根本は変わっていないでしょう。けれども、**行動を変えると周りが自分の性格に対する評価を変えてくるので、性格が変わったような気がします。もちろん、人間関係のあり方は確実に変わります。**

今の人間関係に満足できていないなら、性格を気にするよりも行動を変えてみることです。

【恋愛】

いい相手に出会えない、いい恋愛ができないのも、性格ではなく行動の問題です。

特に女性の場合、「いい恋愛ができない体質」なんて言う人がいますが、そんな「体質」はありません。行動を変えればいいのです。

今までとは違うタイプの人と出会いたいなら、今までとは違う場所に遊びに行くべ

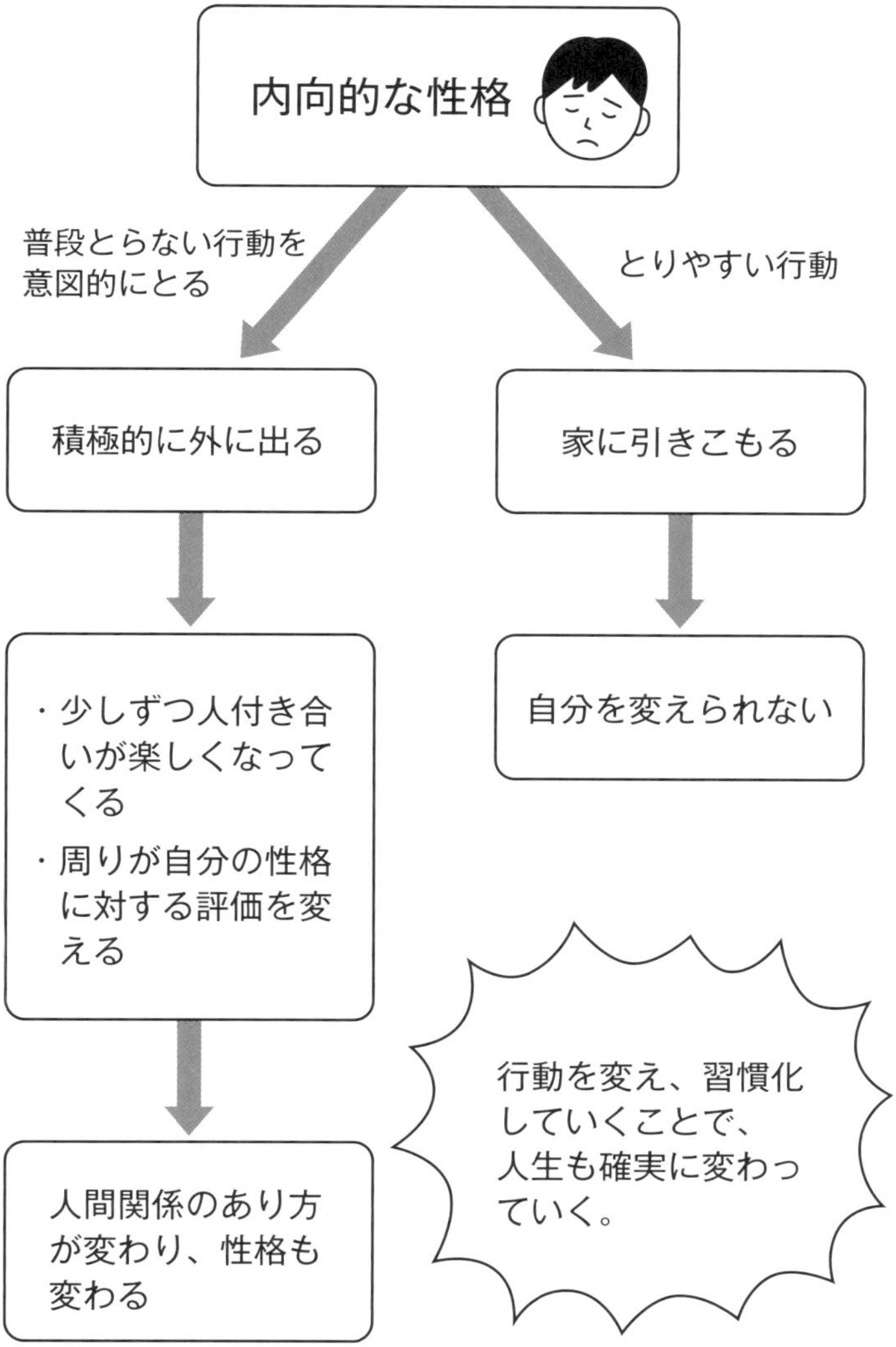
内向的な性格
普段とらない行動を
意図的にとる
とりやすい行動
積極的に外に出る
家に引きこもる
・少しずつ人付き合いが楽しくなってくる
・周りが自分の性格に対する評価を変える
自分を変えられない
人間関係のあり方が変わり、性格も変わる
行動を変え、習慣化していくことで、人生も確実に変わっていく。

きです。あるいは、最近付き合いのない友人に連絡を取ってみるべきです。

【仕事・お金】

「つい、後回しにしてしまう性格で」などと、仕事ができないのを性格のせいにしてしまうことはありがちです。

仕事がうまくいかない人は、**まず行動を記録するようにしてみましょう。記録することによって、行動を反省するのです。**すると、「作業をしなければいけないときにスマホを見てしまっている」とか、「出勤がギリギリで間に合った日は、午前中の作業量が少ない」といった行動の傾向、習慣が見えてきます。

悪い行動があれば、それを変えればいいのです。たいていの場合、「ダメな性格」の正体はダメな行動（習慣）にすぎません。

POINT

変えやすいところから行動を変えていこう

4

―他人と比べないためには？―

他人と自分を比べても、その先には怠惰か絶望しかない

他人と自分を比べても、
その先に待っているのは怠惰か絶望しかない。
自分より下の人間と自分を比べれば、
自分に甘くなり、成長しなくなる。
自分より上の人間と自分を比べれば、
理想と現実の差に絶望する。
自由に生きるということは、
他人に左右されずに成長できるようになることなのだ。

他人より「過去の自分」と比べてみる

自由に生きたいと思っていない人はいないでしょう。自由とは、自分が決めたルール、自分が決めたスタンダードに沿って生きていくことのはずです。

ところが、なぜか人は他人と自分を比べて優劣や幸福・不幸を感じたりします。これは間接的に他人に支配されているということに他なりません。

では、他人と比べないようにするためにはどうすればいいでしょうか。**過去の自分と比べて切磋琢磨することです。あなたの最大のライバルは過去の自分です。**

常に過去の自分を乗り越えていくことで、着実に成長することができるわけです。だから、怠けず、絶望もせず、というちょうどいい競争相手なのです。

ちなみに、他人と比べてもいい場合が1つだけあります。それは、実力が拮抗したライバルがいるときです。抜きつ抜かれつする関係なら、油断することも絶望することもないからです。とはいえ、そんなライバルに恵まれることはまずありません（だからライバルは宝なのです）。

基本的には、過去の自分と比べてどう変われたか、にフォーカスするのが自由で幸福に生きるコツです。

【人間関係】

人間関係については、具体的なアドバイスが1つあります。フェイスブックに気をつけること。他のSNSにも同様の弊害はありますが、**中でもフェイスブックに注意すべきなのは、「いいことしか書かない」SNSだからです。**見ていると、「みんなこんなに幸せそうなのに、自分はなんて駄目なんだろう……」と絶望してしまうわけです。

さらに悪いことに、人は落ち込んでいるときほど他者とのつながりを求めてSNSにアクセスしやすくなるため、「世界中で不幸なのは自分だけだ」と感じてしまいかねません。落ち込んでいるときは特に要注意です。

【恋愛】

恋愛、あるいは夫婦関係でよくあるのが、自分のパートナーと他人のパートナーを比べてしまうこと。「友達の彼氏は優しくて気が利くし、プレゼントもマメにしてくれる。それに比べて私の彼氏は……」といった具合にです。

こうした比較も、いいことはないとわかってはいても、なかなかやめられないものでしょう。そこで、つい比べてしまいそうになったときの対処法を用意しておきましょう。

相手は持っているのに自分は持っていない、という比較は劣等感のもとです。友達はあんなに幸せそうなのに、私の彼氏は全然かまってくれない……というわけです。そうならないように、相手は持っているし、自分も違うものを持っている、と考えるのです。

たとえば、「友達の彼氏は優しくてかまってくれる。自分の彼氏は仕事に全力で打ち込んでいるから尊敬できる」というようにです。

【仕事・お金】

ここでも**「自分も持っているし、相手も持っている」という考え方が大事です。**「友達は高級車に乗っている」に対して、「自分はクルマを持っていない」ではなく、「マンションの頭金くらいは貯金ができている」と考えるのです。

また、自分より下の人間と比べそうになったときは「あいつはミスばかりしている。自分は人脈を広げるのが苦手だ」と自分に足りないところも考えてみると、相手を認められるようになりますし、自分に甘くなることも防げます。

また、ビジネスにおいては、他人と比べることで別の弊害も生まれます。

売り上げ目標達成のために社員に競わせる企業がよくありますが、業種による差はあるものの、たいていはあまり効果がないことがわかっています。

確かに一時的に数字は上がるのですが、顧客の満足度がどんどん下がっていってしまうのです。競争（同僚との比較）に意識がいってしまい、お客さんをないがしろにした結果、無理な売り込みなどが横行してしまうからです。

他人と競うのではなく、過去の自分より良い仕事をする、という姿勢が成長につながります。

POINT

他人と自分を比べるのはやめよう

5

―自分を変えるには？―

自分を変える唯一の方法は、焦らず毎日続けることだ

いかに大きな目標を達成するかよりも、
いかに長く続けることができるかを考えよう。
明日のあなたは、
今日のあなたとさほど違いはないだろう。
ただし努力を続ければ、３年後のあなたは
今のあなたとは全くの別人になることができる。
自分を変えるための一番確実で唯一の方法は、
焦らず毎日続けることだ。

人間は少しずつしか変われない

「変わろう」と決意しても、人間はいきなり大きく変わることはできません。

たとえば、これまで7時に起きていた人が5時に起きたいとしたら、いきなり2時間早起きするのは絶対に挫折します。毎日12分、つまり目標の10％ずつ起きる時間を早くしていくべきです。

また、瞑想とか、運動とか、朝の英会話とか、新しい習慣を身につけて人生を変えたいという人は多いでしょうが、これもいきなりは無理です。**習慣化には、約66日かかると言われています。**

いずれにせよ、変わるためには継続が大事ということ。では、**どうやって継続するかですが、「必ずすること」とセットにするのがいいでしょう。**入浴、朝晩の歯磨きなど、毎日必ずしていることをトリガーとして、新しい習慣を継続していきます。

たとえば、「入浴の前に、必ずバスルームの前でスクワットをする」というようにです。

通勤時間に語学の勉強をする人は多いですが、あの方法が有効なのは、スキマ時間を活用できるということ以上に、通勤という毎日することに学習の習慣を結び付けているからなのです。

自分を変えるためには、毎日続ける方法をいかに工夫するかが勝負です。

【人間関係】

人脈を広げることは大事です。ただ、時々、思い立って異業種交流会のような場に出かけていく、といったやり方はオススメできません。その後の人間関係にはつながらない無駄な名刺が増えるだけです。

また、人脈を持っていない人こそがそういう場に来るわけですから、その意味でも無駄です。

それよりも、継続できる習慣を持つようにしましょう。たとえば週に1回、最近連絡をとっていない友人・知人に連絡をしてみる。新しい出会いを求めるなら、2週間に1回、友達に友達を紹介してもらう。

あるいは、今まで行ったことのない場所に顔を出してみる。人脈は時間をかけて育てていくものだからこそ、習慣的に繰り返すことのできる小さなゴールを作るのが有効です。

【恋愛】

「最近連絡が少ない」とか、「あまりかまってくれなくなった」と一方が感じてしまうと、２人の関係は悪化していくものです。そうならないために、いい関係をキープするための行動は、習慣化するのが一番です。

たとえばメールは1日のうちのどのタイミングでする、最低でも週に1回、金曜日には会うようにする、旅行は年２回はするというようにです。

習慣化すると、いちいち考えずに実行できるために負担が減り、心に余裕ができます。それがお互いにとってプラスに働くのです。

【仕事・お金】

自分のお金の使い方をチェックしたい人は、アプリなどで記録を取って、週に1回、「今週はどれくらい使ったのか」「お金を使ったことでどんなリターンを得られたのか」をチェックする習慣をつけるといいでしょう。

これは私が実践している方法ですが、玄関に箱を置いておき、帰ってきたらその日の分のレシートをそこに放り込む、というのもオススメです。この簡単な習慣だけで、特に記録を取らなくても支出を把握することができます。

また、貯金箱を玄関に置いて、帰ってきたら財布の中の小銭を全部入れる、という方法はかなりの勢いで貯金を増やせます。

玄関は朝晩に必ず通る場所ですから、ここに新しい習慣を結びつけるというのはうまいやり方です。

お金のことに限らず、習慣化したいことがある人はうまく活用できないか考えてみるといいでしょう。

POINT

毎日少しずつ繰り返し、習慣化して変わっていこう

6

批判にも賞賛にも動じない人になろう

―他人に支配されないためには？―

批判にも賞賛にも動じない人になろう。
自由に生きるための方法は、
他人の言葉に動じなくなることだ。
批判されても、心を乱すことなく
目標に向かって行動し続け、
賞賛されたとしても、自分に甘くならずに
黙々と目標に向かって努力し続ける。
動じなければ他人に人生をコントロールされることはない。

批判と賞賛で他人にコントロールされてはいけない

批判と称賛は、他人をコントロールするための一番簡単な方法です。

批判されると凹《へこ》んだり、むきになって批判し返したり、反省して改めたりする人。称賛されると浮かれたり、天狗《てんぐ》になって油断が生じる人。いろいろなタイプがいますが、**批判や称賛に動じる人はみな、簡単に他人からコントロールされる人なのです。**

つまり、本来自分が求めている人生とは違う方向に進んでしまいやすい人だということです。

批判と賞賛に動じやすい人は、他人から認められたいという欲求=承認欲求が強い人です。ちやほやされたり注目を浴びたりが大好きな人たちでもあるので、芸能界その他の著名人に多いタイプです。

芸能人やスポーツ選手が怪しげな占い師や「教祖」にコロリと騙《だま》されやすいのは、そのせいでしょう。

批判や賞賛に動かされるということは、評価のものさしを自分の外に求めているということ。ですから、対処法としては、自分の中にものさしを持つことです。

具体的な方法としては、たとえば瞑想がお勧めです。

私が実践しているのはＭＡＰ（Mental and physical）トレーニングといって、30分間瞑想してから30分間運動（散歩でＯＫ）をする、というものです。

私自身、これを始めてから、本当に物事に動じなくなったという実感があります。最近は瞑想ブームで、ネットで検索すれば瞑想のメソッドは簡単に手に入りますから、自分に合った方法を見つけるといいでしょう。

【人間関係】

批判や賞賛に動じない人間になる一方で、自分自身はどんどこの「人をコントロールする道具」を使っていきましょう。

批判は人間関係に悪影響を与えることも多いので、他人を称賛しまくりましょう。自分は動じず、相手をコントロールできるようになったら最強です。

といっても、人を褒《ほ》めるときに「こう動いてほしい」という期待をこめて褒めてはいけません。それは見透かされますし、相手にある反応を求めている時点で、逆にこ

MAP（Mental and physical）トレーニング

❶ 30分間瞑想する

❷ 30分間運動する
（散歩でOK）

毎日続けていると、物事に動じなくなる！

ちらがコントロールされています。**何も期待せずに、他人のいいと思った点は惜しみなく称賛するようにすると、結果的に自分のために役に立ってくれる人が増える、くらいに考えるのがいいでしょう。**

【恋愛】

よく「惚《ほ》れたら負け」と言われます。これは、愛されたいと思って、相手からの批判とか称賛をいちいち気にかけるようになり、結果としてコントロールされるようになってしまったらおしまい、ということです。

自分がそうならないように気をつけるのはもちろんですが、相手がこうした「コントロールされやすいタイプ」でないかも、付き合う前からしっかりと見極める必要があるでしょう。相手をコントロールするような恋愛をしたいなら別ですが、たいていの人はそんな不均衡な関係は「重い」と感じるはずです。

一見魅力的でも、褒められたときや批判されたときの反応が過剰なタイプには要注意です。

【仕事・お金】

仕事についての賞賛や批判は特に気になるところだと思います。だからこそ、動じないためにはしっかりと自分の基準を持つことが大事です。具体的には、自分の強みを理解したうえで、「自分はこれをウリにする＝この基準での評価しか気にしない」という軸を作るのです。

もちろん、強み＝基準は複数でもいいのですが、自分で決めることが重要です。

私の場合でいうと、「知識量とわかりやすい解説」をウリにしようと決めています。データもありますから、それ以外のものさしで褒められても批判されても気にすることはありません。

自分の中にものさしを持つために、まずは自分の強みを理解するところから始めましょう。

POINT

評価のものさしを自分の中に求めよう

7

―自分の才能を見つけるには？―

才能とは、努力が苦にならないことだ

才能とは、努力が苦にならないということだ。
自分の持つ才能を見極めるには、
努力が苦にならないかどうかを見ればわかる。
努力が苦にならず、
むしろ楽しみながら継続できるのであれば、
それは大きな成果につながる。
つまりあなたには、その活動に対する
才能があるということなのだ。

自分の才能を見極める一番いい方法

「必ず成功する方法がある。それは、成功するまで続けることだ」

「成功法則」として、こんなことが言われます。

失敗する人は成功する前にあきらめたり、力尽きたりしてしまいます。それ以前に、成功に向かって行動を始めることさえできない人がほとんどです。そんな中で、目標に向かってトライして、さらにその努力を継続することができる人は本当に少数派です。

「成功するまで続ければ必ず成功する」というのは説得力があります。

では、成功するまで続けるためには何が必要でしょうか。驚異的な忍耐力があれば、確かに有利でしょう。

ただ、それでも耐えている以上は、いずれ限界が来てしまいます。そう考えると、**最強なのは、我慢の必要がそもそもない人、つまり努力が苦にならない人、もっと言えば、それを努力と感じない人でしょう。**

ですから、自分が努力を苦痛と感じない活動があれば、その活動に天性の才能を持っているということなのです。

逆に言うと、自分の才能を見極める一番いい方法は、努力が苦にならないかどうかを確かめてみること。

成功するまで楽しみながら継続できるかどうか、という観点で自分の可能性を探ってみるといいでしょう。

【人間関係】

人脈が大事ですし、人との出会いはチャンスにつながります。とはいえ、**我慢して付き合うような人間関係がポジティブな結果を生むことはありません**。一緒に何かをすることが苦痛だったり、退屈だったりしたら、仕事で付き合うにしてもプライベートで付き合うにしてもお互いのいいところを引き出すことができないからです。

だからこそ、一緒にいて楽な人、特に会話をしなくても一緒にいられる人、といった存在は貴重です。苦もなく関係を維持できるなら、その分、一緒に何かを生み出せる可能性が高いわけです。

【恋愛】

相手のために何かをすることが楽しい、特に見返りも欲しくない。つまり、愛するための努力が苦にならないというのは、とてもいい恋愛でしょう。もちろん、一方的ではなく、お互いにそうなるのが理想です。

そのためには、相手を探す段階から意識する必要があります。よくやってしまうのが、自分に合う相手を探してしまうこと。価値観や感性が自分に合っている相手を探してしまうのです。これはなかなか見つかるものではありません。

それよりも、**自分が合わせてあげたい、合わせてあげることが苦にならない、むしろ喜びだと思える相手を探しましょう。**こうして見つかった相手と実際に付き合い始めると、非常にいい関係が築けます。

【仕事・お金】

「仕事の目的は生活するためのお金を得ることだ、つまらなくてもしょうがない」といった考えの人も多いでしょう。

しかし、ビジネスパーソンとしての競争力を高めるためにも、自分の才能が発揮できる分野で仕事をすることは大事です。

理想的なのは、働かなくても今の収入と全く同じ金額が自動的に手に入る状況になったとしても続けたいような、苦にならない仕事をすることでしょう。

いきなりそんな仕事には就けないとしても、それを基準にキャリアプランを立てていくことです。

才能の見つけ方の1つとして、お金の使い方に注目してみるのもいいでしょう。

「これについてはいくらお金を使っても惜しくない」「けちけち計算せずにお金を使いたい」という趣味などがあれば、そこにはあなたの才能が眠っている可能性が高いと考えられます。

POINT

続けてもまったく苦にならないことを見つけよう

8

正論が通じるのは自分の頭の中だけだ

―他人を説得するには？―

相手を説得するときに
正論を振りかざしても時間の無駄だ、
あなたと合わない相手に対しては特にそうだ。
こういう相手を説得したいなら、
常に相手の利益は何かについて話さなければならない。
利己的な相手に対しては非常に効果が高い。
正論が通じるのは
自分の頭の中だけだと覚えておこう。

「SPICEの法則」で人を動かす

人は個人的な利益で動き、基本的には正義感では動きません（個人ではなく、大衆という塊なら、正義感で動かせる場合もあります）。**説得のツボはあくまでも利益にあります。**

サイコパス研究の第一人者であるケビン・ダットン博士は、人を操ることに長《た》けたサイコパスから学んだ説得術として、**「SPICE《スパイス》の法則」**を提唱しています。

SIMPLIFY《シンプリファイ》：バカでもわかるくらいに単純化
PERCEIVED《パーシイブド》 SELF-INTEREST《セルフインタレスト》：私的利益感
INCONGRUITY《インコングリティ》：意外性
CONFIDENCE《コンフィデンス》：自信満々で信頼させる
EMPATHY《エンパシー》：共感を煽《あお》る

単純化して説明し、意外性のある話を自信満々に披露して相手を信頼させ、共感を煽って心を開かせる。そして、何より大事なのが「得しますよ」というメッセージを伝えることです。

人間は、正しいことよりも自分が得をすることを大事にします。こちらの説得に従うことで、どんな得があるのかを伝えられなければ、相手を動かすことはできないのです。

【人間関係】

誰かの非を正論で責めそうになったときには、相手と自分が共有する問題の解決にフォーカスしましょう。

たとえば、不注意な同僚に「こんなミスを繰り返すのはありえない」と怒っても関係をこじらせるだけです。それよりも、相手が苦手とする作業を代わってあげることで、結局は残業を早く切り上げられるし、イライラすることも避けられる、といったことはよくあります。

特にウマが合わない相手とは、とっとと問題を解決して関わりを最少にするのが一番です。

【恋愛】

恋愛相手を納得させなければいけない場面で、一生懸命に自分の都合を並べ立てる人がいます。食事をしようという約束をしていたのに、急に仕事が入ってしまったとしましょう。

「明日までに終わらせないとまずいんだよ。上司がどうしてもやってくれってうるさくて……」などと自分の都合を並べても、相手からすれば「知ったことか」です。それで納得してくれたように見えても、単に相手に我慢をさせているだけ。いずれしっぺ返しが来るでしょう。

そうならないためには、自分の都合ではなく、相手の利益を語ることです。

先ほどの例なら、「仕事がギリギリまでかかりそうだから、今日だとバタバタしてしまいそう。申し訳ないけど、来週のほうがゆっくりできると思うんだ」と言えば、相手も「そのほうがいいかな」と思えるわけです。

【仕事・お金】

最悪なのは、ビジネスの相手に「弊社の規定ではこうなっていまして……」と言ってしまうこと。自分の会社の規定は、完全にこちらの都合であって、相手には関係ありません。

「弊社の規定」にしたがうことで、相手にどんなメリットがあるのかを説明できれば別ですが、基本的には禁句とすべきです。

少なくとも私は、「弊社の規定」を持ちだされるとビジネスの相手としてはNGだなと思ってしまいます。

そのうえで、**交渉では、「こちらの要求を受け入れてもらえば、それ以上の得がある」と相手に感じさせるようにしなくてはいけません。**

たとえば、値上げするかわりにオプションを付ける、といったことです。ビジネスでは特に「払った金額以上」と感じられる私的利益感が大事です。

POINT

相手に「どんな得があるのか」をまず伝えよう

9

―ベストな進路を選ぶには？―

誰の下で働くべきか迷ったなら、夢を見せてくれる人を選ぼう

誰の下で働くべきか迷ったなら、
夢を見せてくれる人の下で働くことを選ぼう。
優れたリーダーは仲間に夢を見せることで士気を高め、
それを現実化する。
仕事は上司で選ぼう。
目標やノルマを課すだけで、
夢を見せることのないリーダーの下で働くことほど、
苦しいことはないのだから。

ウォーレン・バフェットのアドバイス

世界一の投資家、ウォーレン・バフェットは、学生に職業選びの基準を聞かれると必ず「尊敬できる人と働きなさい」と答えるそうです。

共に働く人、特に日々接する上司がどういう人かは、仕事の充実感や自分の成長に決定的な影響を与えます。

シンプルに考えれば、動くために必要なのは、技術と知識とモチベーションです。このうち、技術と知識は自分で学ぶことができますが、モチベーションだけは本や学校で学ぶわけにはいきません。

そこで、「夢を見せてくれる人」が必要なのです。

バフェットは「自分にとってのヒーローと呼べる人物を持つこと」が大事だとも言っていますが、ヒーローとはまさに夢を見させてくれる存在のことでしょう。

実際バフェットは、名門コロンビア大学を卒業後、師と仰ぐ投資家で経済学者のベン・グレアムの会社を志望しています。大企業には見向きもせずです。

グレアムに断られると、やはり尊敬するヒーローである父の会社で働きました。父ハワードからは大きな証券会社への就職を勧められたにもかかわらず、あえてそうしたのです。

後には、ベン・グレアムの下で働くという希望もかなえています。

あくまでも「人」を基準に仕事を選ぶことが、バフェットを成功に導いたのです。

【人間関係】

たとえ仲がよくて気の合う友達だとしても、一緒に飲みに行くとグチばかり言う人と付き合っていて、夢を見ることができるでしょうか。夢をかなえるためには、それは時間とお金の無駄でしかありません。

その人と一緒にいると元気になる、話しているうちに新しいことに挑戦したくなる、そんな人と時間を共にするようにしましょう。

【恋愛】

一晩だけ夢を見させてくれるのが、遊び相手。

ワンシーズンくらい夢を見させてくれるのが、恋人。

死ぬまで一緒に夢を見られるのが、結婚相手です。

自分が今、どんな相手を探しているのか。自分にとって、この人はどんな位置づけなのか。

それは、どこまで夢を見られるのかを考えればわかります。

生涯の伴侶に選ぶなら、一緒に夢を見続けてくれる人、あるいはお互いに夢を見せ合える人を選ぶのがいいと思います。

【仕事・お金】

部下や後輩のモチベーションを引き出すときには、目標やノルマを本人たちに出させるようにしましょう。

夢を見させる上司はいい上司ですが、夢を押し付けたり、どんな夢を見るかについて指図するのはＮＧ。

こういう上司はモチベーションを下げるだけです。会社や部署としての最低限の要求だけを与えてあとは目標を自己申告してもらう、やり方も自主性に任せる、というスタイルがいいでしょう。

仕事における夢も、夢を見る期間によってさまざまな種類があります。

「この仕事で一生夢を見続けられる」と感じれば、それはライフワークになるでしょう。あるプロジェクトの間だけ協力するメンバーを集めるのなら、「このプロジェクトの成功までは一緒に夢を見られる人」を探せばいいわけです（私の場合は、いろいろなジャンルで仕事をしているのでこのスタイルが多いです）。

違う会社や異なる業界にいる知人でも、自分と根本的な部分で夢を共有できる人なら、いつか一緒に大きな仕事をする人材だと考えておいたほうがいいでしょう。

自分と仕事、自分と仕事仲間との距離を測るために、夢の大きさと持続時間を、ものさしにしてみましょう。

POINT

「どんな夢を見れるか」を、ものさしにしてみよう

10

常識はおかしな人たちがつくったものだ

―他人と違うことを恐れないためには？―

誰もやらなかったことをすると、
最初はおかしいと批判される。
しかしそれで成果を挙げれば、
みんな真似《まね》をして、そのおかしなことが常識になる。
常識はおかしな人たちがつくったものなのだ。
だからあなたも他人と違うことを恐れる必要はない。
いつかあなたの真似を
皆がするようになるかもしれないのだから。

普通の人は「社会的証明の原理」で動く

フィジカルに優れた選手が激しく打ち合う現代の「パワーテニス」を見慣れていると、古いテニスの試合の映像は別の競技のように見えます。革新的なプレースタイルをとる選手が成功すると、それがメインストリームを形成してしまうのです。**新しいスタイルに挑戦し、成果を挙げ、メインストリームを変えるのは、いつも変わり者です。**

普通の人は、**「社会的証明（ソーシャルプルーフ）の原理」**で動きます。これは、みんながやっていることなら正しいだろう、という心理です。だから、なるべくみんなの真似をしたいと考えます。

ですから、常識から外れたことをして成功を目指すのなら、押さえるべきポイントは、「これは将来、みんなが真似をするか」と考えること。ただ常識から外れるだけだと意味がありません。逆に、どれほど常識とかけ離れていても、みんなが真似をして社会の中でメインストリームになれるシナリオが見えれば、やってみる価値があります。

たとえば、「ライザップ」ができるまで日本にほとんどなかったパーソナルトレーニングのジムですが、今では、そこら中にパーソナルトレーニングをウリにしたジムができています。こうした成功例を参考にしましょう。

他人と違うことをやって成果を挙げ、みんなが追従するようになれば、ただの変わり者ではなく、パイオニアとして賞賛される存在になれるのです。

【人間関係】

「こんなことを聞いたら嫌われるんじゃないか」とか、「こういう人とは付き合わないほうがいい」といった常識は、ソーシャルプルーフを求めているだけの逃げです。**自分が面白いことに出合うため、相手に貢献するためには、どう行動するべきかを個別的に考えましょう。**

その結果、人と違うことをやってもいいのです。大切なのは「まともであること」ではなく、友人や知人とうまくやることなのですから。

【恋愛】

「普通」であることはデメリットしかないと考えてください。**人間の魅力が出るのは駄目なところ、おかしなところです。**まともな人、普通の人は、相手にとって「つまらない人」でしかありません。

もちろん、他人と違う部分をさらけ出せば嫌われることもあるでしょう。しかし、それを隠して付き合い始めたところで、いずれはバレてうまくいかなくなります。それは成功とは言えないでしょう。

というわけで、恋愛においては、普通であろう、まともな人であろうとすることはデメリットしかないのです。

【仕事・お金】

ビジネスは、他人と違うことの価値がわかりやすい世界だと思います。誰にでもできることは「強み」にはなりません。他社と同じことをやっている会社は価格競争をするしかなくなります。

つまり、他社が1000円でやっているならウチは900円でやります、というやり方でしか仕事をとれないわけです。

これは、個人の場合でも同じです。**空気を読んで、周りに合わせて、普通のことを無難に……という仕事の仕方では、いずれ自分の給料をダンピングしなければならなくなるでしょう。**

多少変わり者であっても、他の人が真似できない強みを見つけて、他人と違うやり方で集団に貢献する人は、本当の意味で信頼を勝ち取れます。「まともな人だから大丈夫」も信頼でしょうが、「これに関してはあの人は本当に頼れる」と思われるほうがより強い信頼でしょう。

このレベルになれば当然、報酬の交渉力もついてきて、さらに仕事がしやすくなるのです。

POINT

「まとも」「普通」には、デメリットしかないと考えよう

11

今日から他人を許す練習をしてみよう

―他人に振り回されないためには？―

他人《ひと》付き合いを上手にしたいなら、
他人を許すのがうまい人間になろう。
人間関係の問題はそのほとんどが
他人への干渉によるものだ。
他人を許せないと他人に許されることもないので、
ちょっとしたミスも大事になってしまう。
だから、今日から他人を許す練習をしてみよう。
それが人間関係の苦しみから自由になるコツだ。

他人に干渉するから干渉される

他人を許しましょう、というのは、要するに自分を強く持つということ。そのうえで、他人は他人、自分は自分と考えるということ。そうすることによって、人間関係のストレスは驚くほど軽減されるものです。

他人に干渉されたくないという気持ちは誰にでもわかると思います。ですが、その割には他人に干渉している人が多すぎるように思います。それが双方にストレスを生んでいるのです。

他人に干渉されたくない唯一の方法は、他人に干渉しないことです。

基本は「別にいいんじゃないの」と他者の生き方を認めること。あるいは他人のミスを許すことです。すると、自分がミスをしたときにも許してもらえるようになり、何かあったら助けてもらえるようになるのです。

まずは他人を許さないと、他人に許されることもありません。

人間関係を続けるうえではたしかに苦しみがしばしばありますが、そんなときこそ、

「実は自分が苦しみを与えているのでは……」と考えてみるようにしましょう。

【人間関係】

「別にいいんじゃないの」と他者を許すのが人間関係の基本です。だからといってすべてを許してしまうと、許すこと自体がストレスになる可能性があります。

そこで、自分が人間関係でこだわるポイントを1つだけ作って、それ以外は全部許すというスタイルがいいでしょう。

たとえば時間にルーズなのだけは許せない、と思ったら、その点だけはこだわって、相手にも伝えるようにします。それ以外は、すべて許すのです。そうすると、友人・知人との付き合いが驚くほど楽になるはずです。

【恋愛】

人間は批判されると自分の内側にこもってしまうものです。下手《へた》に責めると、かえってこちらの言うことを聞いてくれなくなるのです。

たとえば、彼氏が女友達とご飯を食べにいっただけで怒ってしまうと、相手も「俺のことが信じられないのか。じゃあ、もういいよ」と意地になって、気持ちが離れてしまうことになりかねません。

むしろ、全く気にしないくらいの態度をとっておけば、「なんで嫉妬《しっと》してくれないんだろう」と感じてくれることもありえます。恋愛においては、許すことが相手とのコミュニケーションを強化するツールになるのです。

また、一緒に暮らしていたり、それに近い関係になったカップルでは、よけいな干渉は即、関係の悪化につながります。一緒にいる時間が長くなると、生活習慣など、ぶつかり合うことも多くなるでしょう。

いい関係を保つコツは、どうしても譲れない点をお互いに伝え合って、それについては干渉しないようにすること。「読書が好きなので、本がどんどん増えるのだけは諦めてほしい」「どうしても夜型の生活はやめられないから、休みの日に無理に起こそうとしないでほしい」など、お互いのこだわりを尊重するようにしましょう。

【仕事】

自分なりの仕事の流儀を決めておくことが大事です。**「これだけは仕事をしていく**

うえで大事にする」ということを決めておけば、それ以外では他人を許せます。

多くの人が関わる仕事でも、こだわりが1つなら、他人の価値観とバッティングする可能性は低くなります。

すると、しっかりとプリンシプル（原理・原則）を持って仕事をしていて、しかも一緒に仕事をする仲間には寛大な、尊敬できる人と評価されるようになるわけです。もちろん、自分なりのこだわりのポイントはちゃんと相手に伝えておくことを忘れないようにしましょう。

お互いに干渉をせず、お互いを認め合ったチームになれば、当然パフォーマンスは上がります。一緒に仕事をしていく相手とは、必ずそれぞれのこだわりを伝え合っておいたほうがいいでしょう。

POINT

「他人は他人、自分は自分」と考えよう

12

誘いを断るには？

付き合いが悪いと言われても気にしないこと

付き合いが悪いと言われても気にしないことだ。
どうしても行きたい、
何が何でも会いたいと思うような
相手でなければ、会う意味はなく、
それは単なる暇つぶしだ。
そんな暇つぶしの関係を友達とは言わない。
誘われて、行こうか迷うくらいならば、
本当に会いたい相手を自分から誘うことだ。

たいていの「お付き合い」は何の利益も生まない

表面的な人間関係、いわゆる「お付き合い」は、必ずしも悪いとは言えません。「お付き合い」によって、両者に利益が生まれるＷｉｎ《ウィン》－Ｗｉｎ《ウィン》の関係になるなら、大いにするべきでしょう。

問題は、たいていの「お付き合い」は、何の利益も生まないことです。**お互いが嫌われるのをいやがった結果であり、断る力がないことの結果だからまずいのです。**それは時間の無駄でしかありません。

まずは、誘われたから行く、断りきれないから参加する、といった人付き合いで浪費するような時間が自分の人生に残されているだろうか、と考えてみたほうがいいでしょう。

そのうえで、自分が本当に会いたい人、話を聞きたい、話を聞いてほしい人を思い浮かべたら、その人を自分から誘えばいいのです。

周りの友人や知人、会社の同僚が誘ってくれる、誘ってくれたから付き合って一緒に時間をつぶしている。だから人間関係がうまくいっている、というのは幻想にすぎません。

【人間関係】

うまくいっている人間関係というのは、表面的にうまく取り繕《つくろ》っている人間関係のことではありません。

なるべくストレスがない状況で、自分が本当に会いたい人と時間を過ごし、そこから最大の成果を得られるのが、うまくいっている人間関係です。

そう定義すると、過去1カ月間に参加した飲み会のうち、いったい何時間がそれに当たるでしょうか？

職場の飲み会などは特にストレスがかかるでしょうし、それだけでうまくいっているとは言えないことになります。

こうした表面的な人間関係にしがみつきがちになるのは、日頃本当に大事な人と会ってないか、本当に大事な人が誰なのかが、そもそもわかっていないからです。解決策としては、まずは表面的な付き合いを断ってみること。そうやって余裕ができれば、本当に大事なものが見えてきます。

【恋愛】

長く続いたカップルでも、表面的に取り繕うのがうまくいっているだけの場合もあります。

一緒にいてはいけない駄目な相手だとわかっているのになかなか別れられない、という場合もあるでしょう。

いずれにしても、別れることによって出会える人がいるかもしれないという可能性、本当に一緒にいたい人は別にいるのではないか、と考えてみることが重要です。

【仕事・お金】

いつも一緒に仕事をして、長時間顔を合わせていることを考えると、そもそも会社の飲み会というのは有益とは言い難い場合が多いです。特に、大人数では普段できない深い話をする、といったことも望めません。**基本的には、職場の飲み会は断ったほうがいいでしょう。**

また、会社で夕方になるとそわそわし始める「誰かを誘いたくて仕方ない人」には注意しましょう。

あなたを誘いたいのではなく、暇つぶしに誰でもいいから誘いたいだけなのですから、失礼な話です。こういう人とは目を合わせないようにするのが一番です。

終業後の同僚との「お付き合い」だけでなく、仕事自体にもなんとなく断れない「お付き合い」の業務はあります。

こちらは断るのがより難しいかもしれません。

しかし**「この仕事を断ってできることがあるのでは」「この仕事をなくす方法があるのでは」と考えてみればいいのです。**そうすれば、自分にとっても会社にとっても価値のある業務改善を提案できるはずです。

POINT

自分が本当に大事にしたい人たちとの関係を築こう

13

誰かに嫌われたって構わない

―八方美人をやめるには？―

誰かに嫌われたって構わない。
自分を殺して、
誰にも嫌われず誰にも好かれない人間になるより、
多くの人に嫌われたとしても誰かが本当にあなたのことを
好きになってくれる生き方をしよう。
どうでもいい人たちに気を使って、
あなたを心から好きになってくれる人を
遠ざけていないか考えてみよう。

実は危ない「中立」という立場

中立というのは、とても危険な選択です。

中立の立場にある人は、誰にも味方をしません。誰をも攻撃しません。つまり、誰にも嫌われないし、誰にも好かれないということ。これが危ないのです。味方が一人もいないということだからです。

ご存じのように、スイスは永世中立国ですが、それが成り立っているのは切り立った山に囲まれた地形など、特殊な条件がいくつも重なったためです。**A国とB国が戦っている場合、勝った国は次には中立国に攻めてきます。そうなっても誰も助けてくれません。**

誰かに嫌われないようにする、という生き方は、要するに敵をつくらないようにするということです。しかし、敵をつくらないようにしていても、いざというときに助けてくれる味方をつくらなければどうにもなりません。

誰かに嫌われないことより、誰かに好かれることのほうが、はるかに重要だという

「敵をつくらない」ことよりも「味方をつくる」ほうが大切

味方が一人もいないので、いざというときに
誰も助けてくれない。

誰かを味方につければ、いざというときに
助けてもらえる。

ことがわかるでしょう。

誰にも嫌われないように、本当にどうでもいい人にまで気を使ってしまう。そのせいで、本当に自分のことを好きになってくれるかもしれない人に理解してもらう機会が少なくなってしまう。それはあまりにももったいないことです。

【人間関係】

誰にも嫌われないことよりも、誰かに好かれることを重視する以上は、自分の本音、自分の本質をさらけ出し、相手にぶつかることから逃げてはいけません。それを受け止めてくれる人にしか好かれないのですから。

駄目なら駄目でいい、という割り切りも必要です。ごく限られた人に好かれれば十分なのですから、ほとんどの人に嫌われても大丈夫、と考えてください。

【恋愛】

「嫌われないようにしよう」と思った瞬間、恋愛では敗北です。自分を取り繕ってしまうと、「なんだかよくわからない人」として距離を置かれてしまいます。もっとよくあるのが、嫌われないようにした結果「いい人＝どうでもいい人」の枠に入れられて恋愛対象から外されることです。

好かれることは、嫌われないことの延長線上にはありません。好かれたかったら自分を出すしかないのです。

【仕事・お金】

起業家、経営者、あるいは政治家でもそうですが、リーダーシップをとるうえでは、嫌われることはある意味で必要でさえあります。

実際、**政治家の選挙では、怒りを強く表現できる人が有権者に信用されやすいという研究があります。**怒りをぶつけるのは敵をつくり、嫌われる振る舞いですが、それが別の人たちには信用され、票を集めることになるのです。

リーダーシップをとるためには、誰にも好かれないのは論外です。なおかつ、一部の人に熱狂的に支持されるためには、それ以外には敵だらけというくらい嫌われてもいいということです。

２０１６年秋の米大統領選に当選したドナルド・トランプなどは、まさにその典型的な例です。彼は、その過激な発言でリベラル派はもちろん、所属する共和党の主流派からさえ嫌われました。国際社会からも危険な差別主義者と見られ、一時はおよそ良識的な人々をすべて敵に回した感があったほどです。

しかし、その一方で彼は、白人の労働者層には圧倒的に支持されました。この層をターゲットとした選挙運動を展開して、コアなサポーターを得ることによって最終的に選挙に勝利したわけです。

日本で言えば、やはりその発言が顰蹙《ひんしゅく》を買うことの多かったかつての橋下徹氏もそうですが、その言動で物議を醸しがちな政治家は、この原理を直感的に見抜いて活用していたということなのでしょう。

POINT

敵をつくらないことよりも、自分の味方を見つけよう

PART 2

行動次第で人生は変わる

14

―過去を忘れるには？―

過去のことは過去に置いてこよう

過去のことは過去に置いてきてしまおう。

変えることのできない過去を引きずって生きるのは、なんの役にも立たない重い荷物を引きずって旅をするのと同じくらい愚かだ。

旅と同じように、身軽に生きよう。

必要な物は必要になったときにまた手に入れればいい。

捨てて困る過去などないのだ。

捨てることで人生に変化が生まれる

こんな実験があります。被験者を2つに分け、Aのグループに花瓶をプレゼントし、Bのグループには同じ花瓶を見せるだけであげません。そのうえで、「花瓶に値段をつけてください」と指示すると、Aのグループのほうが高い値段をつけました。

人間には、自分が持っているものに対して大きな価値を感じる、という性質があるのです。

つい、過去を引きずって生きてしまう理由はここにあります。そこに価値があるような気がしてしまって、捨てづらいということです。

ノーベル経済学賞を受賞したダニエル・カーネマンの**「プロスペクト理論」**は、「人間は、利得よりも損失のほうを大きく感じる」ことを明らかにしています。だから1万円をもらう喜びと、1万円を失う悲しみでは、後者のほうが大きい。これなども、人が過去を捨てられない理由の1つでしょう。

進学、就職、転職など、人生のステージが変わったときに、せっかく手に入れた新

ダニエル・カーネマンのプロスペクト理論

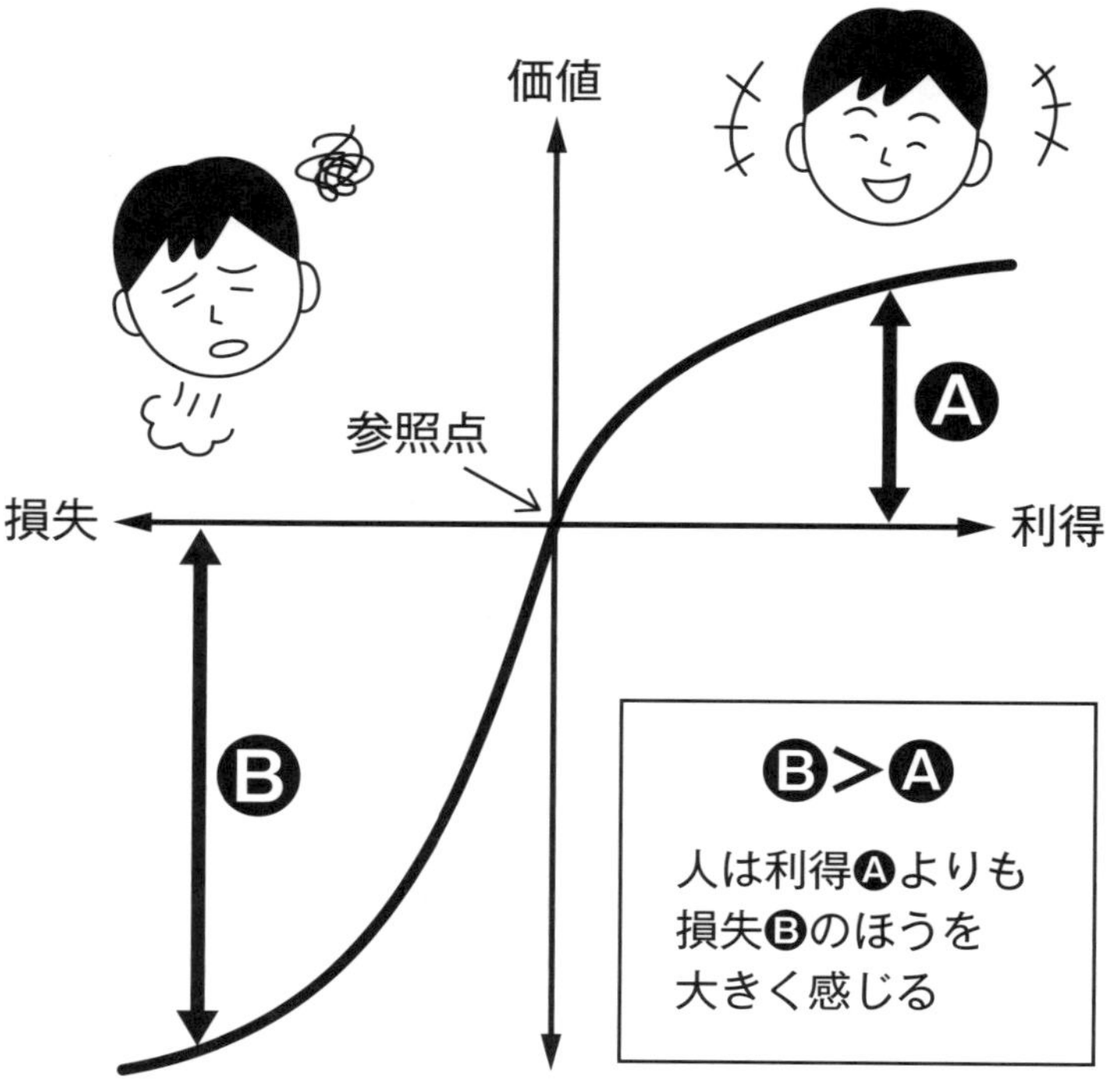

1万円をもらうよりも、1万円を失うほうが
心理的ショックが大きい。

しい環境を活かせない人がいます。もっと悪いと、新しい環境に適応障害を起こして心身のバランスを崩してしまうこともあります。それは、過去をスムーズに捨てることができていないせいです。

両手にいっぱい荷物を抱えている状態で、新しい荷物を持てないのは当然です。逆に、引っ越しのたびに家具を全部捨てたり、人にあげてしまうようなタイプの人もいます。こういう人は、なぜ執着しないのかというと、新しい出会いが欲しいからです。

モノでも、過去でも同じです。**捨てて困るものは、基本的にありません。必要ならまた手に入れればいい。この考え方が、人生にポジティブな変化をもたらします。**

【人間関係】

自分が新しい環境、新しいステージに進んだときに、わざわざ以前からの友達を切れ、とは言いません。

ただ、そういうときに離れていく人たちを気にしないこと。間違っても追ったりしてはいけません。

あなたの変化を受け入れられない人たちを追うということは、せっかく変われたのにまた元に戻るということです。そういう人間関係は、思い出として過去に置いていくことにしましょう。

【恋愛】

恋愛において過去を引きずってしまう理由は非常に簡単で、きちんと感情を処理してないから。失恋したときには悲しみたいだけ悲しむことが、引きずらないコツです。

実は、失恋を引きずるのは、一般に思われている以上に危険なことです。

「ハートブレイク症候群」をご存じでしょうか。失恋することによって、心臓の細胞が実際に傷ついてしまうという病気です。

失恋して心臓の細胞が傷ついたとき、女性はよく友人と会って話を聞いてもらいます。会話をすることで自分が誰かとつながっているという感覚を持つと、「愛情ホルモン」と呼ばれるオキシトシンが分泌されます。オキシトシンには心臓の細胞の修復作用があるので、文字どおり傷心を癒《い》やしてくれるのです。

これに対して、男性は失恋すると自分の殻にとじこもりがちです。女性のほうが心臓疾患《しっかん》が少なく、平均寿命も長いのは、この行動に理由があるのかもしれません。

【仕事・お金】

私は、セミナーや講演の報酬を定期的に上げるようにしています。値上げをすれば、当然離れていく顧客もいますが、それ以上に新しい顧客が増えているので業績としてはプラスになっています。

今お付き合いをしている顧客、自分を認めてくれている相手を引き留めようとすると、どうしても妥協することが増えてしまいます。

自分の仕事のやり方と合わない相手は仕方がない、それを認めてくれる新しい顧客を増やそうと考えましょう。意外と問題なくやっていけるものです。

POINT

捨てることで、人生に変化が訪れると考えよう

15

―振り返るのをやめるには？―

自分を変えたいなら、振り返らずに行動し続けることだ

自分を変えたいと思うなら、
振り返らずに行動し続けることだ。
何度も確認するのは自信がない証拠であり、
自分はまだできることがあるのにしていない。
怠けているという自覚があるということだ。
自分が変わることができたかどうかを
確認する必要はない。
実感するのは変わったあとでいい。

「振り返る」のは目の前の物事に集中できていないから

人が何かに夢中になって何かをやっているときというのは、心理学的にはいわゆる**「フロー状態」（やっていることに100％没入して自我が消滅した状態）**にあります。自分に対する意識が極限まで弱まってしまうわけです。

ということは、この状態で自分を客観的に振り返ることなどできないのは当然です。

逆に言うと、自分を冷静に振り返る余裕があるうちは、今やっていることに全力で取り組めていない、集中できていないということです。

「自分は今、どれくらいできているだろう」

「どのくらい変われただろう」

「人は自分をどう評価しているだろう」

……というように、自分を振り返って確かめたいと感じたら、**「集中できていない」「やるべきことができていない」という警報だと思ったほうがいいでしょう。**

ダイエットを始めたばかりなのに、体重や体脂肪率の変化をしょっちゅう確かめてしまうようでは、まだきちんとダイエットに取り組めていない、ということです。

【人間関係】

ランナーが振り返るのは、後ろから別の走者が追いついてきそうなときだけです。圧倒的なスピードで前に進んでいれば、あるいは自分の走りに自信があれば、振り返る必要はない。自信がないから他の人との位置関係が気になるのです。

これは人間関係でも同じです。

「あいつは自分よりも年収が多い」「高いクルマに乗っている」「あの人よりは自分のほうがルックスがいい」「なぜ同期の中であいつだけ昇進するんだ」……。人と比べて劣等感や優越感を感じるのは、自信がないから。つまり、自分がやるべきことをやれていない証拠です。

どうしても人と比較してしまうときには「今、ここ」に集中すること。よく言われる**「マインドフルネス」（瞑想をベースにしたストレス対処法）**の姿勢です。具体的には、仕事でも、趣味でも、家事でも、今やっていることに集中するようにしましょう。

【恋愛】

自信がないから振り返る、確認してしまう、という法則がもっともわかりやすく表れるのは恋愛でしょう。

「私のこと好き？」「どれくらい好き？」と何回も確認するようになったら、もう2人の関係はいい状態にあるとは言えません。少なくとも確認されるほうはうんざりしているはずです。

自分が魅力的であれば、こんな確認をする必要はありません。**振り返るくらいなら、「より魅力的になろう」という気持ちで前に進むこと。**それが相手との関係をよりよくしますし、仮に別れてしまった場合にも、次のよりよい恋愛につながるのです。

【仕事・お金】

ある統計によると、一般的なサラリーマンは、仕事中に3分に1回の割合で邪魔《じゃま》が入るとされています。電話がかかってきたり、上司に呼ばれたり、といったことに加え、現在ではスマートフォンやPCのブラウザなど、集中力を妨げるものがデスク上にたくさんあるからです。

デジタル化によって、書類を作成するかたわら電話をとり、話をしながらメールソフトを立ち上げて確認……といったマルチタスクが可能になったわけですが、これは人間の脳にとってはかなりの悪影響を及ぼします。

仕事中にメールや電話を確認する、といったマルチタスクを行なうことで、マリファナの吸引の2倍も注意力が低下するという研究結果もあるほどです。

そういう時代だからこそ、集中力の価値はますます高まっていると言えますし、今、やるべきことに集中できるというスキルがあれば仕事でも優位に立つことができるわけです。

仕事中に振り返り確認するのはやめて、今やっている仕事にできるかぎり集中しましょう（マインドフルネス）。そして、なるべくマルチタスクはやめる、といったことを心がけましょう。

POINT

振り返りたくなるのは「警報」だと考えよう

16

―自分を卑下しないためには？―

あなたは大したことがない人間ではない

自分を大したことがない人間だと卑下するのはやめよう。
この考えは無意識に努力を避け、
自分に甘くなる原因になる。
大したことがない人間だから
頑張っても仕方ないという甘えが生まれ、
何もかもあきらめる人生になってしまう。
あなたは大したことがない人間ではない、
自らそう思わない限りは。

本当に実現してしまう「自己成就予言」

「自己成就予言」をご存じでしょうか。

簡単に言うと、占い師などに「今日は右足のトラブルに気をつけて」と言われると本当に右足を机に引っ掛けてしまう。「あなたは死ぬ」と言われると、本当に死ぬ確率がちょっと上がってしまう、といった現象です。

たとえ無根拠であっても、予言を聞いた人（予言をした本人も含みます）はその内容を意識してしまう。そして、意識している方向に行動は向いてしまうので、実際に予言どおりの結果が生じてしまうわけです。

自分を大したことがない人間だと思うと、「どうせ頑張れない」「努力しても無駄」と考えて努力を避けるようになります。

そうやって自分に甘くなっていった結果、本当に大したことがない人間になってしまいます。まさに自己成就予言です。

「自分は駄目だから」「バカだから」などと、まるで口癖のように自分を卑下してし

「自己成就予言」とは？

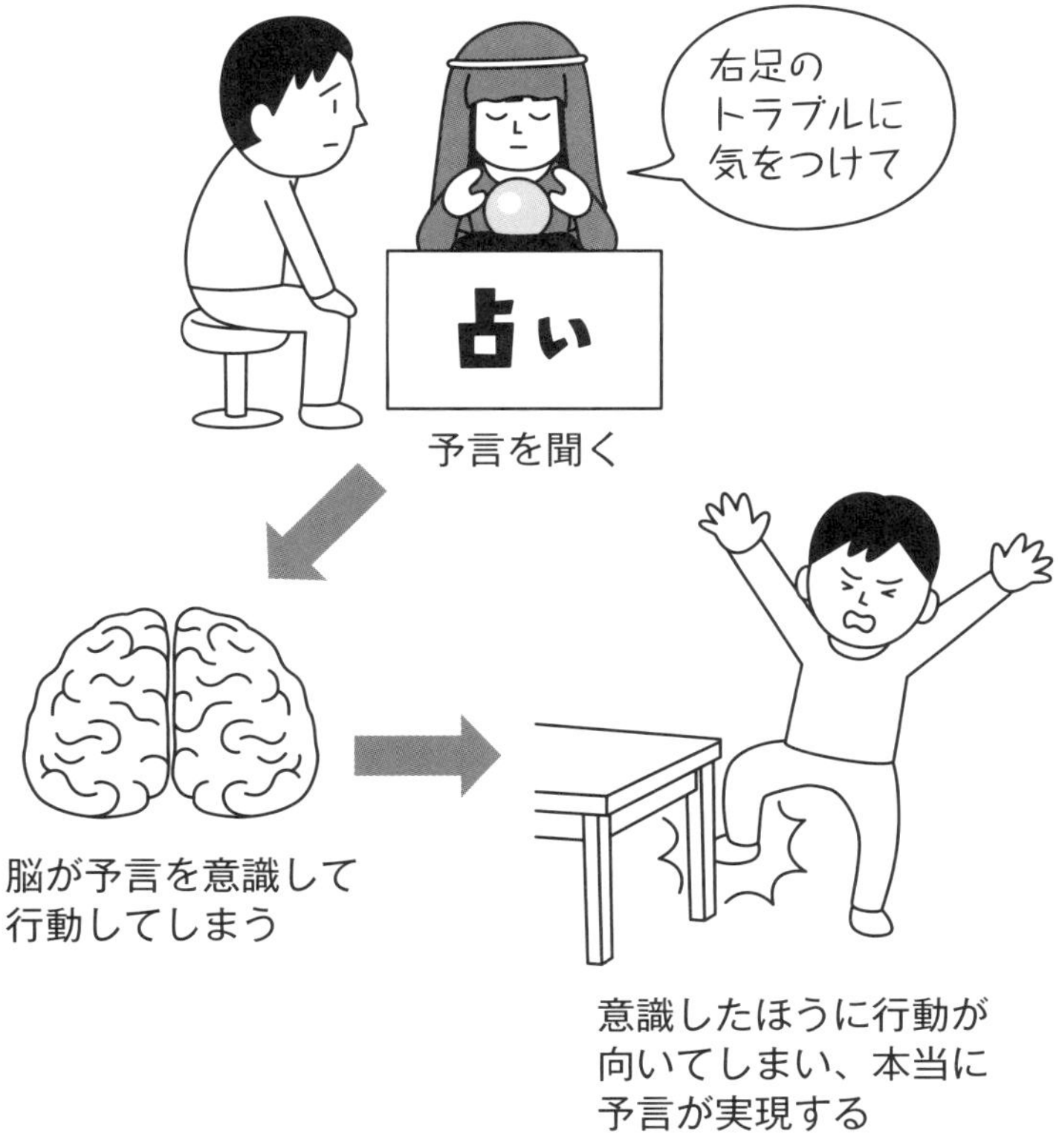

「自分は駄目な人間」と口にすると本当に
駄目な人間になってしまう！

まう人がいます。**つい卑下してしまったときは、「努力を避けるためにこういう言葉を使ってしまっているのではないか？」と考えてみてください。**

【人間関係】

最近は、「自分はコミュ障（コミュニケーション障害）だから」という人が増えました。だから、人付き合いが苦手だったり、空気を読めない発言をして失敗しがちである、というわけです。

たしかに、中には本当にコミュニケーションが不自由な人もいるでしょう。

しかし、自分から「コミュ障だから」と言ってしまうタイプの人というのは、たいていコミュニケーションに失敗したときの言い訳をあらかじめ作っている、つまり**セルフ・ハンディキャッピング**にすぎないように見えます。

コミュ障だと言っておけば、人間関係で失敗しても逃げ道がある。逃げ道があるということは、努力が減るということ。自称コミュ障は、「コミュニケーションが面倒くさい」「努力する気がない」と宣言しているようなものです。

【恋愛】

「私、いい恋愛できないから」というのが、ありがちな自己成就予言、あるいはセルフ・ハンディキャッピングです。また悪い相手に引っかかってしまったときの言い訳をしているわけです。

言うまでもなく、**いい恋愛ができるかどうかは、実際にしてみなければわかりません。**何か目的を持って行動して、成功や失敗を経験し、そこから学んでまた行動する……という当たり前のプロセスを自己卑下することによって、やめてしまってはもったいない。「私、いい恋愛できないから」とか、「あの人が相手にしてくれるわけないし」といった言葉は禁物です。

【仕事・お金】

私は読書が好きで、1日に10冊から20冊くらいは本を読みます。こう言うと、「DaiGoさんは勉強ができるから」とか、「私はそんなことができる頭を持っていない」といった声が聞こえてきそうです。

読書に限らず、仕事の話をしてもトレーニングの話をしても、「DaiGoには才能があるからすごいことができる、自分には才能がないからできない」という意味のことを言う人は必ずいます。

私からすればとても不本意です。私が頑張ってできるようになったことを、才能とか神様のおかげのように扱ってほしくないのです。

仕事やお金については、成功者の体験談を手軽に見聞きすることができます。世界一の投資家であるウォーレン・バフェットの著作だって、1000円前後で手に入ります。

しかし、せっかく成功者の言葉に触れても、「あの人は、すむ世界が違う」「才能があったからだ」「自分とは才能が違う」「自分はしょせん、平凡な人間だから」……と言い訳してしまっては、何も学ぶことができません。

つい卑下しそうになったら、成功者も最初は平凡な人間だったと考えましょう。

POINT

本当に駄目な人間になるから自分を卑下しない

17

―人生を変えるには？―

人のせいにするのはやめて、自分の人生を生きよう

人のせいにするのをやめた時から、
あなたの人生は変わり始める。
自分の人生に責任を持てなければ、
思いどおりの人生を歩むことはできないし、　成長もない。
だから人のせいにしているうちは、
10年たっても20年たっても、
今いる場所から進むことはない。
人のせいにするのはやめて自分の人生を生きよう。

誰かが何とかしてくれるのを待ってはいけない

安定した企業に勤め、仕事を問題なくこなしている。けれども、なんとなくいつも「これでいいのかな」と不安を感じている、という人はけっこういます。

いくら安定しているといっても、それは勤めている会社の業績が安定しているからで、自分の行動によって安定を手に入れているわけではない。

安定しているからこそ、このまま勤めていても先は見えている。大きく収入が上がるとか、全然違う仕事に携われるということはない。

そんなことを考えると、「自分の人生はこれでいいのか」「このままでは後悔するのでは……」といった気持ちになるでしょう。

こうした不安の根本は、自分で人生に責任を持っていないことにあります。人生に責任を持つとは、人のせいにせず、自分で決めて生きるということです。

もちろん、安定した企業に勤めているからいけない、などということはありません。自分で選択して、そういう人生を選んでいるならいいのです。そういう人は「このままでいいのか」なんて思いはしないでしょう。

そうではなくて、安定した給料も欲しい、でもワクワクするような人生も欲しい、かといってリスクは取りたくない、でも退屈な人生で後悔したくない……というように、責任を持って選択をせず、不満と願望だけがあることが問題です。

つまり、誰かがなんとかしてくれるのを待っている。だからいつまでたっても不安を拭《ぬぐ》い去れないし、自分の人生を生きることができないのです。

今いる場所から前に進みたければ、自分の人生に責任を持つこと。難しいことではありません。

自分で選んで、決めればいいのです。

【人間関係】

義理があるから、仕方なく関係を維持することを「お付き合い」と言いますが、**「お付き合い」の人間関係は、できるだけ減らしていきましょう。**自分で選んだ人間関係ではないからです。

人間関係で自己選択を怠る最大のデメリットは、10年、20年たっても同じ人と付き合わなくてはならないこと。これでは人間関係に変化がなく、成長や新たなチャンスとの出会いもなくなってしまいます。

まずは、会いたくもない人になんとなく会うことをやめてみましょう。用もないのに友人に連絡を取るのをやめるだけでも、人間関係は変わっていきます。それで疎遠になる人とは、付き合う必要がないということです。

【恋愛】

相手がわかってくれない、してほしいことをしてくれない、といった不満を抱いて「そのせいで幸せではない」と考えてしまうことがあります。これは、相手に依存した恋愛になっているということです（自分の幸福を相手の行動にゆだねているわけですから）。依存した瞬間に、不安定な立場に置かれてしまうのは当然です。相手との対等な関係も保てなくなります。

恋愛は、特に自分で人生に責任を持てないと危険です。基本的な姿勢として、**相手にどうしてもらいたいかではなく、自分がどうしたいか（相手に何をしてあげたいか）を考えるようにしましょう。**

【仕事】

どんな仕事でも、頑張ってやり遂げれば達成感があります。それはいいことですが、自分の人生に責任を持つという意味では、さらに1歩先を目指すべきです。

その仕事が、上司や他人から言われてやった仕事なのだとしたら、「同じことを自分主導でできるか」と自問自答してみるのです。

「自分でやるのは無理だ」と感じたら、今の自分にどんな能力が足りないのか、どんな努力が必要なのかを考えるようにします。

そのうえで、たとえ小さくても構わないので、**自分からやろうと思ってチャレンジする仕事を少しずつ増やしていくようにしましょう。**

POINT

何事も、自分が選んで決めていくという姿勢を持とう

18

―よい1日を過ごすには？―

今日1日を最高の1日にする努力から始めよう

何よりもまず、
今日1日を最高の1日にする努力から始めよう。
今日この日を最高にする努力を続けた人だけが、
輝かしい未来を手にすることができるのだ。
選択に迷ったり、怠けそうになったときは、
一度手を止めて自分にとっての
最高の1日をイメージしてみよう。
自分をコントロールしやすくなるはずだ。

満足感を感じながら眠りにつける1日を目指そう

グーグルが取り入れた**「マインドフルネス瞑想」**の流行以来、「今・ここ」に集中することで、メンタルの状態がよくなり、人生の満足度が向上する、という考え方が広がってきています。人生をよくしたいなら、まずは今日1日に集中しよう、というのもその応用です。

もっとも、「最高の1日」というのは抽象的な言い方で、目標とするのは難しく感じるかもしれません。

複雑に考える必要はありません。

最高の1日とは、その日、ベッドで「今日はやり切った」と感じ、満足感を感じながら眠りにつける、そんな1日のことです。「今日はいい日だったな」と思える1日、と言ってもいいでしょう。

これならイメージがしやすいですし、いい気分で寝られるという明確な目標を基準にして、1日の行動をコントロールしていけばいいわけです。

どうしても怠けたくなってしまうときには、逆に「怠けたらどれだけ嫌な気分になるか」をイメージしてみるのも有効です。たとえば、ジムに行ってトレーニングをする日なのに、行きたくない場合、「サボったら、夜にはどんな気分になるだろうか。自己嫌悪だろうな……」と考えるのです。

人間は「面倒くさい」「嫌だ」といったマイナスなモチベーションを「でも、やるべきだ」という意思の力で克服することはできません。

ところが、**「やらないともっと嫌なことがある」と考えると、少しでもましなほう（より嫌でないほう）を選択するようにできています。**

最高の1日をイメージするのに加えて、「怠けた場合の嫌な気分、嫌な出来事」をイメージすることで、行動力をさらに高めましょう。

【人間関係】

「あんなこと言わなければよかった」「あの時、ちょっと気を使っていれば」……といった後悔をしがちなのが人間関係です。

だからこそ、「最高の1日」をイメージすることは有効です。後悔があったら、「よ

怠けそうになったときはこう考える

「でも、やるべきだ」と考える

↓

「面倒くさい」「嫌だ」といったマイナスなモチベーションは克服できない

↓

×

挫折してしまう

「やらないともっと嫌なことがある」と考える

↓

人間の脳はより嫌でないほうを選択するようにできている

↓

○

続けられる

い1日だった」とは思うことはできないからです。

一番わかりやすい例は、誰かに謝らないといけないとき。わかってはいるけれど、なんとなく謝るのはしゃくに障るし、第一面倒くさい。まあいいか……という方向に考えが向かいそうになったら、「でも、謝らないまま今夜、ベッドに入ったら、どんな気分だろう？」と考え直してみるのです。

【恋愛】

相手に言いたいことも言えない関係では、いい恋愛だとは言えません。

といって、どうしても文句を言いたいことがあるとして、ズバリと言ったからといって、それがもとでパートナーと大げんかしてしまったら、その日はいい気分では眠れません。

単にその場でスッキリするのではなく、**その日1日を最高の気分で終える、というイメージで相手との接し方を考えると、建設的な結果が得られるようになるはずです。**自分が我慢するのではなく、相手を怒らせるのでもない、うまい解決策を自然に探すようになるからです。

【仕事・お金】

日々の仕事では、「やり切った」という気持ちで寝られることをイメージして、行動することを基本にしましょう。

それに加えて、**特に怠けたいときには、「ここで怠けたらどうなるか」を想像してみるのが有効です。**

「疲れたけれど、この仕事を残して帰ったら、明日の朝はけっこう気が重いだろうな」と考え、もう30分頑張る、というようにです。

この方法は、買い物で無駄遣いをしそうになったとき（節約や貯金を怠りそうになったとき）にも応用できます。

POINT

「やらないともっと嫌なことがある」と考えよう

19

―後悔を活かすには？―

後悔するほど何かを学べた過去に無駄なものはない

過去を無駄だったと後悔しないようにしよう。
今あなたが後悔をしているということは、
あなたはその経験から確かに何かを学んだ証拠だ。
つまりその過去はあなたを
後悔できるレベルにまで成長させてくれたのだから、
全く無駄にはなっていないのだ。
後悔するほど何かを学べた過去に
無駄なものなんてない。

大学入試失敗から生まれたメンタリストへの道

後悔は楽しいことではありません。けれども、**過去を後悔するということは、そこから何かを学んだこと、もう二度と繰り返さないという決意の表れです。**特に、長く記憶に残って、何度もぶり返すような後悔は、自分を大きく成長させてくれたきっかけになっているはずです。

私には、大学受験で失敗してしまった過去があります。

1年間浪人して勉強を頑張って、センター試験の得点率は94％に達していたのに、センター試験本番でマークをミスしてしまったのです。そのせいで、第1志望の東京大学ではなく、慶応大学に進学することになりました。

もちろん、初めのうちは「あの時マークミスさえしなければ」と後悔していましたが、やがて「もうミスはしないようにしよう」「東大ではなく慶応に入ったということは、これからの努力で東大に入ったときと同等か、それ以上のことを成し遂げなくては……」と考えられるようになりました。

今となっては、大学入試で失敗していなければメンタリストにはなっていなかっただろうなと思えます。

後悔するほどの経験は、人生を変えてくれるきっかけになり得るのです。

【人間関係】

人間関係での失敗、そして後悔はしばしば強烈です。数年、あるいは数十年たっても引きずっていることが、誰しもあるのではないでしょうか。

だからこそ、一度そういう失敗をしておけば、それ以降は同じような失敗の確率が減るということ。

人間関係の大きなトラブルをかわせる確率が高くなるわけですから、強い後悔ほど前向きに捉えましょう。

【恋愛】

恋愛にまつわる後悔も、引きずりやすいものです。「どうして最初に会ったときに『こいつはヤバい』と気づかなかったのか」「あの時、彼（彼女）を救ってあげることができたんじゃないか」といった、ヘビーな後悔もありがちです。ただ、恋愛の後悔は確実によりよい恋愛をするための経験値として役立ちますから、決して無駄にはなりません。

ついでに言うと、過去の失恋を引きずりがちな人は「自分が成長することで、あのとき振らなければよかったと、相手に後悔させよう」と考えると、前向きな行動につながります。

これも「後悔」の活用法の1つです。

【仕事・お金】

スティーブ・ジョブズは、スタンフォード大学の卒業式でのスピーチで、大学を中退したこと、興味のあるカリグラフィー（文字を美しく見せる技法）の授業だけもぐりで受けていたことが後に美しいフォントを持つコンピュータ（最初のマッキントッシュ）の設計につながったと話しています。

普通の人にとっては、大学を中退してもぐり学生になったことは後悔してしまう経験でしかありません。

これを成功のきっかけと捉えるジョブズはさすが、と言いたくなります。

しかし、おそらくはジョブズも、「なんで大学をやめちゃったんだろう」と後悔していた時期もあったはずです。

失敗して、後悔して、後悔を活かして成功すると、失敗が失敗でなくなる。すると後悔もなくなる、というのが実際のところでしょう。

ジョブズの言うように、キャリアとは「点と点がつながって線になる」ようにして形成されていくものです。

ここで言う「点」の1つ1つは、失敗であってもいいし、後悔であってもいいのです。

後悔は、ちゃんと活用すれば点と点を結びつける力を発揮します。

POINT

後悔は前向きに捉えて未来のために活用しよう

20

―新しいチャレンジをするには?―

1日1回は、できそうもないことにチャレンジするクセをつけよう

1日1回は、できそうもないと思うことにチャレンジするクセをつけよう。
ヒトは思い込みに左右される生き物だから、なんとなく無理そうだと思っても、
やってみれば意外と簡単に
達成できてしまうことが多い。
一番難しいのはこの思い込みの壁を越えて、
何かを始めることなのだ。

新しいことにチャレンジしないと無気力人間になる

なぜ、毎日1つは自分ができそうもないことにチャレンジしたほうがいいのか。

それは、自分のできることばかりやっていると飽きるからです。飽きると、人はモチベーションをなくします。モチベーションが低い人は、さらにいっそう、新しいことにチャレンジしなくなります。

同じことばかりしていると、この悪循環によって、ついには新しいことをする勇気がなくなってしまうのです。最終的には、何もやる気が起きない無気力な人間になってしまうでしょう。そうならないために、1日1回はチャレンジするクセをつけましょう、ということです。

チャレンジと言っても、特別に困難なことである必要はありません。自分がなんとなく無理そうだと思っていることを、いくつか挙げてみてください。その中には、他の人はごく普通にやっていることがあるはずです。

実は、面倒だから「できない」と言い訳しているだけのことがあるはずです。

1日にたった1個でも、そうした「できないこと」に手を出す。それだけで人生は大きく変わっていきます。

【人間関係】

「私は人見知りだから」とか、「コミュニケーションが下手で」とかいった言い訳をしてしまいがちな人は、毎日小さなチャレンジを続けることで人間関係での苦手意識を克服できます。

まずは、苦手な上司に笑顔で元気よく挨拶する、というあたりから始めましょう。

次は、会社で話したことのない人に話しかけてみましょう。その段階を過ぎたら、今度はエレベーターの中で見ず知らずの人に挨拶をしてみましょう。

「できそうもない」と感じますか？　それこそが思い込みの壁です。

最初のハードルは低くしても構いません。

毎日、ほんの少しずつハードルの高さを上げていくイメージで、1日1回のチャレンジを継続してみてください。

【恋愛】

新しいことにチャレンジしていくうえで、パートナーがいるというのはとても有利です。

「自分はやったことがないけれど、相手はいつもやっていること」や「自分は全く興味のない、相手の趣味」などに積極的に付き合うようにするだけで、次々と新しいことにチャレンジできるのですから。もちろん、自分が相手のチャレンジをリードしてあげることもできます。

これは、お互いのチャレンジを促すだけでなく、２人でする楽しい経験を増やしていくことでもあります。

だから、より深い関係性を築くのにも役立ちます。

【仕事・お金】

仕事でのチャレンジは特に、「小さなこと」から始めるのがポイントです。いきなり「受注額の自己ベスト更新」などを目指したら大変ですし、楽しめません。

たとえば、毎朝メールを返信しているなら、いつもよりも3分早く返信を終えることにチャレンジしてみる。あるいは、今日だけは意地でも定時に帰る、なんていうチャレンジもいいでしょう。

大事なのは、ちょっとした目標だとしても、必ず朝、あるいは前日の夜に決めておくこと。

そうすると、仕事の立ち上がりから「今日はこれ」という目標があるので、テーマを持って仕事ができますし、ゲーム感覚の楽しさも味わえます。

転職や起業、副業を始める、といった中長期的な目標がある人も、「今日は書店に行って入門書を買う」「今日はセミナーに申し込んでみる」といった小さなチャレンジを毎日積み重ねていきましょう。

そうすることで、着実に目標に近づくことができます。

POINT

1日1回の新しいチャレンジを少しずつ継続していこう

21

何かを始めるのに遅いことなどない

もっと勉強しておけばよかった、
というのは怠け者の言い訳だ。
そう思うなら今すぐ勉強すればいい。
現在に対する不満を
過去の自分の行動のせいにすることで、
目の前の問題や努力から逃げているだけだ。
何かを始めるのに遅いことなどない。
こうしておけばよかったと思うなら、 今すぐ始めよう。

過去と未来の自分に責任を押しつけない

現在の不満を過去の自分のせいにする人は、同時に、「未来の自分はもっとできる」と考えがちです。

「来月になったらちょっと仕事が落ち着いて、勉強を始められるんじゃないか」「来年の夏前にはダイエットしよう」という感じです。

過去の自分のせいにするのも、未来の自分を頼りにするのも、すべての責任を現在の自分から引き離そうとしていることには変わりありません。

「学生時代に勉強をしておかなかったから、こうなった」と感じているのなら、それは原因がわかった、ということです。

原因は、発見しても対処しないかぎり意味がありません。病院に行ってガンが見つかったのにもかかわらず、治療せずに帰ってくるようなものです。

エアコンを点検してもらって、故障箇所がわかったのに修理せずに電気屋さんを帰すようなものです。「放っておけばいずれ状況は改善するだろう」と思っているのはばかげています。

過去と未来の自分に責任を押し付ける人は、これと同じくらい意味のないことをやっているのです。

何か始めるのに遅いことはないですし、今より早いこともありません。今の自分が責任を引き受け、今すぐに始めることです。

【人間関係】

過去の自分に責任を押し付ける傾向が強くなりがちなのが人間関係です。「子供の頃にいじめられていたトラウマで、人と関わるのが苦手だ」「男子校に通っていたせいで、女性との接し方がわからない」などと言う人はよくいます。

こういう人は、自分が人間関係で抱えている課題に気づいてはいます。それを乗り越えるために、行動しなければいけないとわかってはいるのです。

しかし、実際に行動して人に拒否・拒絶されるのが怖いから、言い訳として過去の自分を持ちだしているわけです。その点を自覚するだけで、行動が変わってきます。

また、過去の自分を行動する理由として利用できないかも考えてみましょう。たとえば「いじめられっ子だったからこそ、相手の痛みを理解することで人とつながれる」と考えることもできるのです。

【恋愛】

失恋した後、付き合っていた相手と別れた後に、「このことはちゃんと相手に伝えるべきだった」「あの時のことは謝っておくべきだった」という後悔に苦しむことはよくあります。2人の間の問題がわかっていたのに、対処しなかったからです。

もし、後悔の気持ちが続いているのなら、たとえ別れてしばらくたった相手であっても、伝えたいことは伝えるのがいいでしょう。

それで関係が修復することはないとしても、心残りとちゃんと向き合う経験は、次の恋愛で必ず生きてきます。

【仕事・お金】

課題が見つかっているのに対処しない、というのは仕事においては許されないことです。

たとえば、「学生の時に統計学を勉強しておけば、今の仕事でもっと成果が出せたのに」と感じたとします。

これは、今、1つの成果しか出せないのは統計学の知識が足りないからだ、という自分にとっての課題に気づいたということなのですから、ただちに統計学の勉強を始めるべきです。

あるいは、「新卒であの会社に就職しておけば、今頃こういうプロジェクトに関われたのに」と感じたなら、今すぐに興味のある仕事に近づくための活動（勉強かもしれませんし、転職活動かもしれません）を始めるべきでしょう。

「あの時こうしていれば」と思うのなら、今すぐにそれをやって、二度と同じ後悔をしないようにすること。これが鉄則です。

POINT

課題がわかっているのなら、今すぐ対処しよう

22

―行動を起こすには？―

決断力のなさを正当化するのはやめよう

考えているふりをして、
決断力のなさを正当化するのはやめよう。
やったほうがいいと判断しているのに手を付けていないのは、
考えているのではなく怠けているだけなのだ。
こういった判断の遅さが積み重なることで、
人生に大きな差が生じる。
多くをつかみたいなら、
決断から行動までの時間を短くしよう。

行動しない人は自分でチャンスを逃している

考えているのと、考えているふりの違いはどこにあるでしょうか。

まず、すでに「これをやったほうがいい」という答えが出ているのに、行動に移っていないのは、考えるふりをして怠けているだけなのは明らかです。

また、答えはまだ出ていなくても、行動しなくて済むように、わざと答えにたどりつかないような思考の堂々巡りをしているだけ、ということもありえます。

だいたい7割方はこちらが正解だ、とわかっているのに、まだ行動していないようなら、その疑いが強いでしょう。**7割までわかっているのなら、見切り発車をして行動しながら正解を探すべきです。**

人間の脳というのは、言い訳を考えるときにはとてもクリエイティブになりますから、注意が必要です。

行動しない言い訳をするためには、どんなチャンスにも問題点を見つけて「リスクが高い」とか、「時期尚早だ」とか結論を出すのです。

これが、成功しない人の考え方です。

これに対して、**成功する人はどんなことにもチャンスを見いだし、行動する理由を見つけます。**

自分が行動しない理由を探し始めていると気づいたら、それは言い訳探しではないかと疑ってみましょう。行動しない人はチャンスを逃しやすいですし、それを繰り返しているうちに、行動する人との間には大きな差が生じてきます。

成功するためには、決断力のなさを「慎重さ」とか「計画性」などと言って正当化してはいけません。むしろ、「とりあえずやってみる」くらいの勇気を持つことです。


【人間関係】


「謝るべきか、謝るべきでないか」「頼んでみようか、やめようか」「誘いを受けようか、断ろうか」など、人間関係では迷うことが多々あります。

特に、人に拒絶されたり、否定されたりすることに恐れが強いタイプの人は、「どうしようか考えている」という口実で行動を控えてしまいます。

自分が何らかのアクションを起こしたとき、相手がどんなリアクションを返してくるかはわかりません。ということは、相手のリアクションを予想することも、準備することも無駄です。それどころか、下手に準備をするほど不確定要素が見えてきて不安は強くなるばかりです。他人《ひと》付き合いが苦手、という意識のある人ほど、考える前にとりあえずアクションを起こしてみることを心がけましょう。

【恋愛】

好きな人ができたとき、「告白しようかな、でも断られるのは怖い」と悩むのは誰にでもあることです。しかし、そうやってアプローチするのをためらっていても、相手の気持ちが自分に向いてくれるわけではありません。むしろ、ライバルが現れて先を越される可能性は高まるでしょう。

だから、**好きな人ができたら、今すぐにアプローチする。これ以上に有利な戦略はありません。**

【仕事】

経費の精算やメールの返信、報告書作りなど、やらなければいけないことはわかっているのに、つい後回しになっている仕事は誰にでもあると思います。要は「面倒くさい仕事」です。

こうした仕事が山積みになっているのは、「やるか、やらないか」の判断を先送りして怠けてきた結果です。やらなければいけないと決まっている仕事なら、とにかく手を動かすこと。そのためには、「面倒くさい」と感じた瞬間に行動する、というクセをつけるのがオススメです。

また、ビジネス書を読んで役に立ちそうなメソッドを知ったとき、リスクが少なくて自分にもできそうな副業を見つけたときなどは、とりあえず試してみるクセをつけましょう。

「やらなければいけないこと」ではなく、「やってみたら面白そうなこと」で行動力を養うのです。

POINT

「やらない言い訳」は考えず、とりあえずやってみよう

23

—夢をかなえるには？—

夢をかなえたいなら、今いる場所をあきらめよう

夢をかなえたいなら、
あなたは今いる場所にいることを
あきらめなければならない。
成長して違う世界に行きたいと願いつつも、
いつまでも安心できる今の場所に
留まろうとしている人のなんと多いことか。
手に入れたものを捨て去る勇気がなければ、
今いる場所があなたの人生の終着点になってしまうだろう。

前に進むためには、何かを捨てるしかない

人間は基本的には臆病で、今いる場所が安全ならずっとそこに留まりたい、と思う生き物です。ただ、夢をかなえたいならば、今いる場所に留まるわけにはいきません。

現在、何も持っていない、または苦しい境遇にいる人は、夢のほうに進む以外にないからある意味では恵まれています。

問題は、すでに何かを手に入れてしまっている人です。

一番いい例が、イノベーションを起こして成功した大企業です。巨大な電機メーカーでは、「携帯電話にカメラと音楽プレーヤーを付けよう」という発想は出てきません。技術的にはどうということはなくても、そんな新製品を作ったら社内のカメラ事業部や音楽プレーヤー事業部から「うちの製品が売れなくなる」と文句が出るからです。すでに何かを持っているからこそ、前に進めないのです。

たとえば、Aという島で生活をしている人は、隣のB島に行きたいと考えていても、なかなか行動をしません。A島での生活が安定しているからです。

ところが、A島から追い出されて、海の中という不安定のなかに放り込まれたら、どうでしょうか。安定を求めて、隣のB島へ泳いでいくしかありません。

このように前に進むためには、何かを捨てるしかありません。**今、安全な場所にいるとしたら、いったん不安定になることです。そうすれば、安定を求める人間の性質を、前に進むために使うことができます。**

【人間関係】

新しい人間関係に飛び込むのは誰にとっても不安なものです。だから、ついいつも同じメンバーで、同じ店で飲んでいる……ということになりがちです。自分は人脈を積極的に広げている、という人でも、気をつけて見ると同じ業界内で知り合いを増やしているだけだったりします。

そうならないためには、今の安定しきった人間関係の一部を捨ててみましょう。たとえば、**「金曜日は同じ会社の人とは飲みに行かない」とか、「知っている人だけの集まりに出席していいのは月に1回まで」というように、ルールを決めてしまうのです。**

こうして無理やりにでも人間関係の空白部分をつくることで、新しい人との出会い

あえて不安定の中に飛び込み夢をかなえる

安定

Ａ島での生活があると、
Ｂ島（＝夢）へ行きたい
と思っても行動はしない

不安定

あえて不安定（＝海の中）
に飛び込めば、安定を求め
る人間の性質が働き、Ｂ島
へ向かって進みだす

安定

たどり着いたＢ島で新し
い生活を得る

が生まれやすくなります。

【恋愛】

「いつも相手に浮気されて別れることになる」「似たようなタイプの駄目男(女)を好きになりがち」といった同じ失敗を繰り返してしまうのは、「よく知っているもの(駄目な相手)=安心」だからです。安心を求めて恋愛をしているかぎり、また駄目な相手との同じような失敗が待っています。

今まで会ったことがないタイプの人、よくわからない人に目を向ければ、最初は不安でも、いい恋愛ができるはずです。

【仕事・お金】

個人のレベルで言えば、今までと同じ仕事をしているかぎり、成長はありません。会社なら、すでにいる顧客を相手に、同じ製品を売っているだけではいずれ行き詰まります。

そこで、挑戦が必要になるわけですが、**気をつけなくてはいけないのは、一見進ん**

でいるように見えても実は停滞していることがある、ということ。

たとえば、転職活動をしている人。今までと同じ業種、職種で、より条件のいい職場を探すのは、何もしないよりはいいでしょう。

しかし、今持っている経験や実績でなんとかやっていけるという安心を求めてしまっていては、本当の意味で前に進むことはできません。

転職活動をするなら、今までの会社で培った技術を持って、違う業界に自分を売り込んでみる。営業の仕事をしているなら、自社の製品がいままで取引のなかった業界に売れないか考えてみる。これまでの経験や実績をすべて否定する必要はないのはもちろんです。

「これまでのままでは通用しない」という不安定さを部分的に作り出すことで、推進力を手に入れましょう。

POINT

前に進むために、不安の中に飛び込んでみよう

24

―幸運を引き寄せるには？―

幸運の種をまくのだと思って、まずは行動してみよう

行動を伴わない期待ほど愚かなものはない。
行動もせずに幸運を期待するのは、
畑に種をまかずに、芽が出てくるのを待っているのと
同じくらい愚かな行為だ。
結局のところ、幸運を手に入れた人というのは、
多くの種をまいただけなのだ。
幸運の種をまくのだと思って、
まずは行動してみよう。

「運がいい人」には共通した特徴がある

運がいい人の心理学的な特徴は、外向性と開放性が高いこと、そして神経症的傾向が低いこと、であると言われています。わかりやすく言うと、**チャレンジ精神があって新しいものに飛びつくのが早く、メンタルが強いということです。**

外向的な人は、いろいろな人と会ってコミュニケーションを取ったりすることによって、人間のネットワークを作っておくことができます。誰かがチャンスを見つけたら、このネットワークを通じて自分のところにチャンスが回ってくるのです。

開放性が高い人は、新しいものに飛びつくスピードが早く、普通の人が手を出さないようなものにも手を出すので、チャンスを一番乗りでつかめる可能性が高い。もちろん、そのぶん失敗もあるでしょう。

けれども、神経症的傾向が低い、つまりメンタルが強い人は、失敗してもすぐ次に手を出すことができ、試行回数が増えます。だから成功する可能性も高くなります。

これが、運がいい人の特徴です。

では、こうした性格を持っていない人は幸運には一生恵まれないのかというと、そんなことはありません。

たとえ性格は違っていても、３つの特徴を持っている人の行動を真似ればいいのです。積極的に人とつながり、新しいものには飛びつき、失敗しても繰り返しチャレンジすればいいのです。

【人間関係】

カフェに誰でも知っている有名人に座ってもらい、被験者がその人に気づくかどうかを試すと、「自分は運がいい」と思っている人ほど気づきやすい、という研究があります。

また、こういう人はためらわずに有名人に挨拶をすることもわかりました。

人間関係にめぐまれ、次々とチャンスをつかむ人と、そうでない人の差は、実際にどんな人と出会っているかどうか以上に、出会いに気づいているかどうか、気づいたときに声をかけるかどうか、といったことが重要なのです。

運がいい人は洞察力に優れ、チャンスを見逃しません。常に「チャンスはそこら中に転がっている」という意識で生活するだけで、出会いの質と量は変わってきます。

【恋愛】

外向性が少ない人は、どうしても出会いが少なくなります。となると、少ない候補の中から恋愛の相手を選ぶことになってしまいます。

また、開放性が低いとせっかく「運命の出会い」があっても見送りがちですし、さらにメンタルが弱いと1回の失敗を引きずって恋愛にチャレンジしない期間が長くなってしまい、なおさらチャンスを逃すことになります。

恋愛がうまくいかないなら、グチを言ったり凹んだりしている場合ではありません。まずは出会いを増やすための行動から始めましょう。

【仕事・お金】

情報技術系の名門研究所であるベル研究所で、トップ15％の研究者の能力が他の研究者とはどう違うのかを調べたことがあります。

意外にも、研究そのものの能力では、両者に違いはありませんでした。トップ研究者たちを特徴づけていたのは、人間関係能力でした。難問にぶつかったとき、人的なネットワークを上手に使って、「この問題ならあいつに聞こう」というスタイルを取れる研究者こそが優れた研究者だったのです。

研究職に限らず、仕事ができる人の圧倒的な仕事量は、人間関係に支えられています。どんなに優れていても、1人でできることは限られているからです。

外向的だから知り合いが多く、開放性が高いので全く畑違いの専門家とも友達になれ、メンタルが強いからある意味で図々しく助力を頼める。

「運がいい人」の特徴は、人の力を借りられるということでもあり、それはそのまま「できる人」の特徴なのです。

こうした「できる人」の特徴は、積極的に真似するのがいいでしょう。

POINT

運がいい人の「3つの特徴」を真似てみよう

25

うぬぼれているほうが、行動しないよりましだ

—自信をつけるには？—

臆病で消極的な人間になるくらいなら、
多少うぬぼれだとしても積極的な人間になろう。
謙虚であるのは素晴らしいことだが、
それは能力があり、
行動もしている人だけに言えることだ。
何も成していない人間は、
何も言うことなどないのだから、謙虚も何もない。
うぬぼれているほうが、行動しないよりましである。

うぬぼれるくらいの自信がなければ成功できない

成功した人たちは、駆け出しの頃にはうぬぼれと言っていいレベルで自信を持ち、積極的に行動しています。

まだ地位も実績もないのに謙虚にしていたら、まずは他人の目に留まりません。気づいてもらえたとしても、能力がないように見えてしまう可能性が高いでしょう。

またうぬぼれるくらい自信がなければ、成功に向かって努力を続けるのも難しいでしょう。

もちろん、能力があって謙虚なのが一番なのですが、**謙虚になるのは成功してからでも遅くはありません。**

とりあえず行動を起こす。とりあえず成果を得る。

そのためにゼロから努力をするうえで、うぬぼれという感情も利用してしまえ、ということです。

【人間関係】

あなたが友達になりたいと感じるのは、有能で魅力的な人でしょう。とはいえ、実際に友達になってみて、長く付き合わなければ本当に有能か、魅力的な人間なのかはわかりません。

つまり、友達をつくるうえで大事なのは魅力的に見えることです。

それにはもちろん、「自分は魅力的だ」と自分自身が思っていなければそれらしい振る舞いはできません。

また、自分に魅力がないと考えていたら、そもそも人と関わる機会を増やそうと思わないでしょう。

人間関係を広げるためにも、「自分は有能だし、みんなが自分のことを好きになってくれる」とうぬぼれていることは大事です。

【恋愛】

進化心理学的に言うと、男女は恋愛対象に対して全く違う勘違いをします。

男性はポジティブな勘違いをするのに対して、女性はネガティブな勘違いをするの

です。

理由は簡単で、オスは子供をつくるための行為に15分、メスは子供をつくるのに1年かかるからです。女性はおかしな遺伝子を受け入れた場合のリスクが大きすぎるので、ネガティブに勘違いをします。

つまり、「あの人は私のことを本当は好きじゃないんじゃないか」とか、「浮気っぽい人なんじゃないか」という勘違いをすることによって、なるべく遺伝子を受け入れる頻度を減らすのです。

これに対して、男性はできるだけ遺伝子を受け入れてもらうチャンスを増やそうとします。

だから、女性と目が合っただけで「あいつ俺に気があるな」というポジティブな勘違いをするのです。うぬぼれて積極的に行動することによって成果をつかむわけです。

恋愛で成功したいなら、男女を問わず、男性的なポジティブな勘違いをしたほうが成果に結びつきやすいでしょう。

【仕事】

現代のビジネスはスピードが速くなった分、1つのプロジェクトを回す期間が短くなっています。

したがって、一旦始めたら終わるまで別のことができない、というコストは低下し、そのぶん、いかに多くのチャンスをつかめるかが勝負を分けるようになっています。

ビジネスのコストが男性的（【恋愛】の項目参照）になっているわけです。

その意味では、慎重にいい仕事をできる機会をうかがうよりも、行動力を高めてできるだけ多くの仕事に関わったほうが成功に近づく可能性は高まります。

つまり、**「自分にできるだろうか」という謙虚さよりも、「大丈夫。俺ならやれる」というぬぼれが有利に働くということです。**

POINT

うぬぼれという感情を自分の成長のために利用しよう

26

―よいパートナーを見つけるには？―

自分に合う人よりも、合わせてもいいと思える人を見つけよう

自分に合う人よりも、
この人になら合わせてもいいと思える人を見つけよう。
友人関係でも恋愛でも、本当に充実した人間関係というのは、
自分が相手に合わせてでも
付き合いたいと思える人としか築けない。
自分が全く歩み寄らずに、
ただ自分に無条件に合う人を探しても、
そんな人は存在しないのだから。

自分に合う人を見つけても関係は短期間しかもたない

人間同士がぴったりとマッチするのは、お互いが歩み寄ったときです。まず、自分が相手に1歩、歩み寄る。それを見た相手も、1歩前に出る。それに合わせて、また自分が1歩……と繰り返していって、やがて両者がぴったり合う。これが普通でしょう。

ということは、自分から合わせてもいいと思える相手とでなくては歩み寄りは成立しませんし、いい関係は築けないということです。

合わせてもいいと思える人を見つけるべき理由はもう1つあります。**人間の価値観や感覚は経験でどんどん変わっていくことです。**

仮に、自分にぴったり合う人と幸運にも巡り合えたとしましょう。今はぴったりでも、お互いに変化していくことを考えれば、すぐに2人の関係は噛《か》み合わなくなります。

つまり、合う人を見つけても関係は短期間しかもたないのです。**合わせる人を探せば、時間をかけて関係を強め、深めていくことができます。**

自分と他人が違うのは当たり前で、だからこそつながる価値があるのです。合わせてもいいと思えるというのは、「違いを認められる」という意味でもあります。

【人間関係】

お互いの環境が変わって、友人との付き合いが疎遠になってしまうということはよくあります。

自分となんとなく気が合うから、という程度の理由で付き合っていたなら、状況が変わればそこで関係も切れてしまいがちです。相手に合わせたいと思うような友人だからこそ、環境や状況が変わっても、自然に関係をメンテナンスしていくことができるのです。

親友とは2、3年ぶりに会っても昨日会ったように付き合える、というのは、お互いが相手に自然に合わせられるからなのでしょう。

【恋愛】

男性に比べて、女性は環境に適応する能力が高く、周りの環境に合わせて自分を変

充実した関係を築くには？

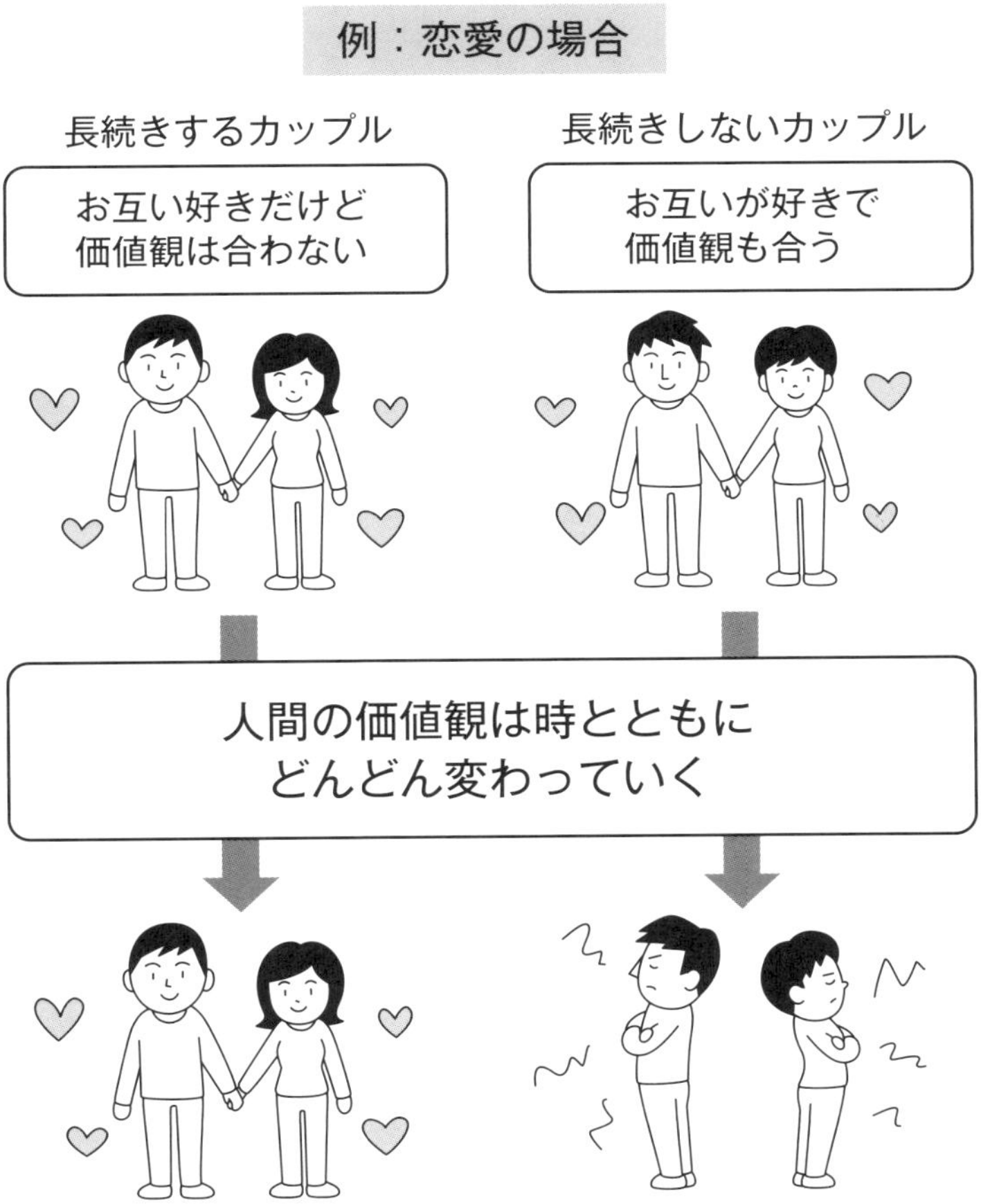
例：恋愛の場合
長続きするカップル
お互い好きだけど
価値観は合わない
長続きしないカップル
お互いが好きで
価値観も合う
人間の価値観は時とともに
どんどん変わっていく

お互いが価値観の違いを認めたうえで、相手に歩み寄っているので、いい関係が長続きする。

初めはぴったりでも、お互いに変化していくので、2人の関係はやがて噛み合わなくなる。

えていきます。生理周期の影響もあって、その時々で価値観や感覚が変わりやすいのが女性です。

そう考えると、考え方や感じ方の変化があったとしても、「やっぱりあの人と合わせたい」と思える相手と付き合っていないと、長期的な関係は望めません。また、自分の変化に合わせてくれる相手でなければ、やはり長続きしないでしょう。

【仕事・お金】

仕事で「合わせてもいい」と思える人とは、すなわち尊敬できる人です。ウォーレン・バフェットの例（62ページ参照）が物語るように、自分が合わせてもいいと思う人の下で働くことで、柔軟に学び、受け入れ、自分を変えることができるのです。

仕事自体についても、同じように考えてみましょう。

自分にとっての理想の仕事に就ける人は少ないですし、特にキャリアが浅い段階ではまず無理です。そんな中でも、**「本当にやりたい仕事とは違うけれど、やってみてもいいなと思える魅力のある仕事」はあります。つまり、自分が合わせてもいいと思える仕事です。**

えてして、仕事を選ぶうえで、そんな視点を持ってみると、選択肢が広がるでしょう。

私自身の経験でいえば、「フォーク曲げ」をはじめとするメンタリストとしてのパフォーマンスは、決して本当にやりたい仕事ではありませんでした。

しかし「わかりやすくて印象に残るパフォーマンスは、これまで日本に前例のなかったメンタリストという存在を認知してもらうために効果的だ」と思ったので、マスコミが求める仕事に自分を合わせてもいい、と思えたのです。

また、そうやって続けてきたパフォーマンスは、現在ではセミナーや講演などの導入やアクセントとして役に立っています。人に知識やアイデアを伝えるという、本来やりたかった仕事にも活かせているわけです。

POINT

相手との「違いを認められる」関係を築こう

PART 3

失敗も不安も怖くない

27

—失敗から学ぶには？—

大切なのは失敗から学ぶこと。失敗した自分を責めることではない

自分を許す勇気を持とう。
終わってしまったことに対して自分を厳しく責めても、
過去を変えることはできない。
さらに終わったことについて自分を責めるほど、
同じ過ちを犯しやすくなることが
心理学的にわかっている。
大切なのは、失敗から学ぶことで、
失敗した自分を責めることではない。

自分を責めるとより大きな失敗につながる

ダイエットの95パーセントは失敗すると言われています。なぜ失敗するのか、心理学的な説明はとてもシンプルです。

ダイエット中に、つい甘い物を食べてしまったとしましょう。すると、「ダイエット中なのに、ケーキを食べてしまった。なんて駄目なやつなんだ！」と自分を責めてしまう。自己否定によって生じたネガティブな感情を処理するために、人は気晴らしを求めます。

ダイエット中の人の気晴らしは、言うまでもありません。食べることです。

こうして、**最初はケーキ1個を食べただけの失敗だったのに、その失敗について強く自分を責めれば責めるほど、たくさん食べて失敗を拡大してしまうのです。**同様のことは、ダイエットに限らず、テスト勉強や、仕事でも起こります。小さく失敗して自分を責めたことが、より大きな失敗につながるわけです。

失敗を減らそうと思ったら、振り返ってどこがどうまずかったのか、今後どうすればいいのかを考えなくてはいけません。

ダイエット中にお菓子を食べてしまったなら、「何で食べたんだろう。冷蔵庫にチーズケーキがあったからだ。昨日買い物に行った時、おいしそうでうっかり買ってしまった。いつもあのスーパーのお菓子コーナーでひっかかるから、今度からは別の入り口から入ることにしよう……」。こんなふうに考えればいいのです。

ところが、このときに自己否定が強いと、前向きに解決策を探ることができなくなってしまいます。結果、**自分を責めた人は、また次も同じように失敗してしまうのです。**

ですから、責めれば同じ過ちを犯さない、というのは大間違い。同じ失敗をしないシステムを作ることが大事なのですから、自分の失敗を責めるのではなく、思いやりを持って振り返るようにしましょう。

こんなふうに思いやりを持って自分を扱うことで、責任感が芽生えて自己コントロール力が高まることもわかっています。

【人間関係】

自分の失敗だけでなく、他人の失敗を責めるのもデメリットが圧倒的に大きいです。

やはり、責められた人は自己否定に入って解決策を考えられなくなってしまうからです。

また、他人が失敗したときに責めるクセが付けば付くほど、自分が行動するときには安全パイしかとらなくなってしまうという弊害もあります。他人を責めるたびに、「失敗したら責められるのが当然」と自分に言い聞かせているようなものだからです。

お互いに失敗を責め合うような人間関係は最悪だと言えるでしょう。失敗を許し合うことで、チャレンジを促進する関係を目指しましょう。

【恋愛】

恋愛での失敗は、ダメージが大きいだけに、どうしても自分を責めてしまう人が多いかもしれません。

そんなときに役に立つのが、「失敗したことによって、成功に近づくためのヒントを手に入れた」という考え方です。

パートナーとの関係で、してはいけないことをしてしまった。その結果、関係が修復不可能になってしまったとしましょう。そうだとしても、ここで自分を許すことで、大切な人との関係でどんなことに気をつけなければいけないのか気づくことができます。さらに、次の恋愛では、本当に関係を築くために何をすればいいのかを学んだと考えれば、幸せな恋愛に1歩近づいたと考えることもできるでしょう。

【仕事・お金】

日本では、仕事で失敗したら自分を責めるのが責任を取ることだ、と思われがちです。役職から降りたり、会社を辞めたり、極端な例では、かつての武士の「切腹」もそうでしょう。そういう文化的背景があるために、「自分をこんなに責めているのだから許される」という甘えが生じがちです。

実際には、失敗したら、それによって生じた問題を解決しなければ責任をとったことにはなりません。**自分を責めるより、問題解決思考を大事にしましょう。**

POINT

自分を責めるよりも、前向きに解決策を探ろう

28

―不安を解消するには？―

不安をなくしたいなら、未来につながる行動を自ら選択しよう

将来への不安を消し去る唯一の方法は、
自分の将来を自分でつくることだ。
不安が生まれるのはどうなるかがわからないからだ。
未来を知ることはできないが、
自分の将来につながるあなたの行動、
つまり今何をするかは決めることができる。
不安をなくしたいなら、
未来につながる行動を自ら選択しよう。

未来はつくり出すことができる

「未来を当てる」のは、メンタリストがよくやるパフォーマンスの1つです。

また、ヒトラーのもとで大衆洗脳の専門家として働いたエリック・ヤン・ハヌッセンをはじめ、権力者に重用されたメンタリストはたくさんいますが、彼らは王侯や政治家に取り入るために予言を的中させるという手段を取りました。

もちろん、未来は誰にもわかりません。つまり、**メンタリストは皆、簡単に言えば予言したとおりの未来をつくり出す、という方法で予言を「的中」させてきたのです。**

そして、それこそが、未来の予測不能性、そこから来る不安から逃れる唯一の方法だということです。

未来につながる行動を選択しろ、と言われても、最初のうちはなかなか難しいでしょう。また、未来につながるというと、転職とか、留学とか、その前に会社を辞めるとか……とかく大きな「人生の選択」のようなことをしないといけないと思いがちですが、そうではありません。

日々の生活の中で、「もうちょっと頑張ろうか、やめようか」「いつもと同じことをしようか、ちょっとだけチャレンジしてみようか」と迷ったときに、より未来につながっていいそうなほうを選択するのです。

【人間関係】

自分にとってプラスにならない、未来につながりそうもない誘いは断りましょう……と言うのは簡単です。成功法則の本などでも、「断る力」が大切だと言う人はよくいます。しかし、問題はどうすれば断れるか、です。

これは簡単なことではありませんが、断れるようになるための訓練法はあります。人に誘われたときに、「誘いに乗って行った場合、何が起こるか」を瞬時に考えるのです。

「確かに今夜は暇だから飲み会に行ってもいいけど、でも、付き合ってしまったら帰りは終電。明日の朝、早起きして読もうと思っていた本が読めなくなる」。**断らなかった場合のマイナスを想起すると、意外と断れるものです。**

また、断れなかったとしても、しっかりマイナスを意識したうえで断れないことが何度も続くと、次は断ろうというエネルギーが強まっていくのです。

【恋愛】

恋愛がうまくいっていない人の定番の理由付けが「出会いがない」「ピンとくる人がいない」です。

もちろん、人との出会いは偶然ですし、「運命」のような出会いを待ってしまうのも仕方ないでしょう。だからといって、何もしないでいてはチャンスは訪れません。

出会いがないと言っている人の多くは、朝起きて、会社に行って、お昼はいつもと同じ人と一緒に、何軒かのお店をローテーションして食べて、仕事が終わった後に飲みにいくメンバーもだいたい固定……というように、変化のない生活をしています。

つまり、**変化のない生活をするという選択の結果、出会いのチャンスが狭まっているのです。**

まずは、ランチのお店を新しく開拓する、という程度の小さなことで構いません。新しい出会いにつながるような選択をし、行動してみましょう。

【仕事・お金】

「将来、こんな仕事をしてみたい」といった夢を抱く人は多くても、実際にそういう未来につながるような行動をする人が少なすぎます。

志望する業界について知っていそうな人に会いに行く、書店で役に立ちそうな本を見つけたから手に取ってみる、歩いていて気になるお店を見つけたから入ってみる……といった小さなことでいいので、望んでいる未来に近づけそうな選択を実際にする、ということがまずは大事です。

日々、小さなことで構わないので選択を繰り返し、自分の将来を自分でつくる、という感覚を身につけていくと、それは自信につながります。たとえ今持っている財産や職、人脈などを失って野に放たれても、また自分の力で取り戻せる、という自信です。自らの選択、行動によって未来をつくれる人は現状にしがみつく必要がない。つまり、リスクをとって前に進むことができるというわけです。

POINT

自分が望む未来に近づけそうな選択をしよう

29

―すぐ行動するには？―

うまくいくかは考えずに、とにかく始めよう

1秒でも早く自分の人生を今すぐ歩み始めよう。
どうでもいい心配事やしがらみにとらわれたり、
変化を恐れてグズグズしていては、
出来るはずのことも
時間切れで出来なくなってしまう。
うまくいくかは考えずに、とにかく始めよう。
神様は僕らに、どうでもいいことに使えるほど
時間を与えてくれてはいない。

何事も行動してみて初めてわかる

何かをやってみる前というのは、わからないことが多すぎます。やってみて初めて情報が得られるのです。

ろくに情報がない状態で考えたところで、不安が高まるだけ。結局、「やめておこう」ということになってしまいがちです。だから、とりあえず行動する。それから考えても遅くないというのが私の考えです。

もちろん、ときには「戦略的に立ち止まる」ことも必要ですが、そういう場面が訪れるのは、何かを始めて、失敗や経験を相当経験した後のことです。まだ始めてもいないのにぐずぐずしているのは時間の無駄。ぐずぐずしていると、1カ月とか1年とかは、あっという間に過ぎてしまいます。

試しに、あなたが「始めたい」と思ってまだ始めていないことを思い浮かべてください。かなり長いこと停滞しているのではないですか？

チャンスは先着順です。早く来た人ほど多くの選択肢から選ぶことができます。

バーゲンセールを思い浮かべてください。売り場に来た人は、買うかどうかを迷う前に、とりあえず目についた商品をカゴに入れていきます。そして、後でゆっくりどれを買うかを考え、いらないものは戻すわけです。

繰り返します。**わからないものについて、人間は決断を下せません。そして、行動してみて初めてわかるのです。**

【人間関係】

仲良くなりたい人がいても、相手が人気者だったり、地位や知名度のある「偉い人」だったりすると、「自分なんかが相手にされるだろうか」「忙しい人に連絡して迷惑ではないだろうか」などと考えてしまいがちです。

しかし、こうした遠慮は相手に配慮しているように見えて、実は自分が拒絶されることを恐れているだけです。

21ページで触れましたが、実際にアプローチしてみると、「偉い人」は意外なほど反応してくれるものです（もちろん、礼儀正しく真剣に連絡しなくてはいけませんが）。つながりを持ちたい人がいたら、まずは連絡してみることです。

【恋愛】

会社の同僚で、気になる相手がいるけれども、どうも相手の態度が自分に対してはよそよそしい気がする、としましょう。

このとき、「自分は感じが悪いから、距離を取られているんだ」と考える人もいれば、「もしかして、自分のことを意識しているから、あんな態度を取るんじゃ？」と考える人もいます。

結論から言うと、相手の真意は本人に聞いてみなければわかりません。ただ、どうせなら、食事に誘うなどの行動につながる後者の考え方のほうが、恋愛では有利に働きます。

【仕事・お金】

これもいち早く行動することが大事です。しかし起業や投資といったお金がかかることについては、リスクへの対応も必要です。そこで、**あらかじめ「引き返せるポイント」を作っておきましょう。**「○カ月で収益がなかったらやめる」「○○円の損が出たらやめる」というようにです。

逆に言うと、そこまでは「とりあえずやってみる」「やってみて勝手を知る」という姿勢で進みましょう。

小さな失敗をするのは、むしろ必要なことです。失敗とは、うまくいかないルートを潰すことだからです。

目標をもってチャレンジし、結果は失敗。この試行によって、「このやり方ではうまくいかないのだ」とダメなルートを一つ潰すことができる。つまり、失敗は一歩前進でもあるのです。シリコンバレーで失敗経験のある起業家が高く評価されるのは、こうしたことが理解されているからでしょう。

取り返しのつかない失敗だけは避けられるように撤退の目安を定めたら、あとはどんどん行動して、失敗から学ぶこと。これが成功への近道です。

POINT

まず行動しよう。それから考えても遅くはない

30

―不安に惑わされないには？―

感じる不安の8割は起こらないし、考える必要もない

感じる不安の8割は起こらないし、
考える必要もないものだ。
その不安は不確実性が作り出す単なる幻で、
あなたが実際に行動し始めると
霧のように消えてなくなってしまう。
今は怖いし恐ろしいかもしれないが、　1歩踏み出そう。
そうすればあなたの心には、
ごくわずかな不安と大きな期待が残るはずだ。

実際より大きく不安を感じてしまう人間の脳の仕組み

実は、8割という数字は、やや不正確かもしれません。というのは、研究者によっては、「感じる不安の9割は起こらない」という人もいるぐらいです。つまり、少し控えめに言ったとしても、感じる8割は実現しないということです。

なぜそうなるかは人間の進化の過程を考えればわかります。不安を感じやすいのと、不安を感じにくいのではどちらが生存に有利かは明らかです。

「気持ちよさそうな原っぱだな。昼寝をしよう」という個体より、「今は何もいないようだけど、あの森には前に狼がいたという噂を聞いたことがあるような気がしないでもない。不安だ。近づかないほうがいい」と考える心配性の個体のほうが、生物としては正しいのです。

このように、**人間の脳は不安を実際より大きく感じるように進化しています**。今でも、命に関わるような場面ではこの脳の性質が役に立つでしょう。

なぜ人間は必要以上に不安を感じるのか？

現代人の不安のほとんどは不確実性がつくり出す単なる幻。命に関わらないのなら、不安感に惑わされる必要はまったくない！

逆に言うと、命に関わらない場面では、大きく見積もられている不安感に騙される必要はまったくありません。

【人間関係】

自分の言動で、友人や知人の気分を害してしまったのではないかと不安になる。あるいは、相手に言いたいことがあるけれども、言ったら嫌われるのではないかと不安になる。

人間関係では、相手の気持ちを勝手に想像して不安になることがよくあります。これも進化心理学的に考えると、群れの仲間から拒絶されることは命に関わりますから、仕方ないことなのかもしれません。

しかし、実際に相手がどう感じているか、どう反応するかはわかりません。あくまでもこちらの勝手な想像です。

何より問題なのは、勝手に想像した相手の期待に応えるように行動してしまうクセがつくこと。**他人の期待に応える人生には幸福はありません。**

【恋愛】

「ナンパの達人」と呼ばれるような人たちは、たいてい「断られることを恐れずにどんどん声をかける」を基本戦略にしています。声をかけることで「断られてもどうってことないな」と自信がつき、リラックスして話せるようになり、結果として成功しやすくなるわけです。

ナンパをオススメするわけではありませんが、**恋愛に関しての不安も、たいていは行動すれば吹き飛びます。**好きな人がいて、「振られたらどうしよう」「気まずくならないだろうか」といった不安を感じているくらいなら、まずは行動してみることです。

また、付き合っている相手について「浮気しているのでは」「気持ちが離れているように感じる」といった心配があるときも、行動しないとますます不安がふくらみます。この場合はまず、「思っていることをちゃんと相手に伝える」という行動が何より大事でしょう。

【仕事・お金】

不安というのは、止まっているときに感じるものです。動きながら不安を感じるのは難しいですし、今やっていることに完全に没頭する「フロー状態」になると、不安を感じる余裕はまったくなくなります。

「ミスをしたらどうしよう」「こんな提案をしたら、上司にボロクソに言われるんじゃないか」「会社の業績が下がってるけど、いつかリストラされるんじゃないか」

こうした仕事にまつわる不安は、今、目の前にある仕事に没頭することで解消することができます。行動すれば不安は霧のように引いていくのです。イメージとしては自転車です。

自転車を漕《こ》がずにバランスを取るのはとても難しいし、怖いものですが、漕ぎだしてしまえばバランスを取るのは簡単です。行動すること、前に進むこと、は不安を解消する特効薬ですし、実際に手を動かせば仕事も片づいていくわけですから、一石二鳥です。

POINT

不安感に惑わされないで行動しよう

31

―不安とうまく付き合うには？―

考え方次第で、不安は期待に変えられる

考え方次第で、不安は期待に変えられる。
あなたが何か未知なものに不安を感じるならば、
それはあなたにとって新しいことであり、
そこには可能性があるということだ。
そう考えれば、不安は期待に変わり、
早く来てほしくてたまらない
ワクワク感が湧いてくるのに気づくだろう。
不安は期待なのだ。

人間のストレス反応は3種類ある

不安を起こしているのは、脳にある扁桃体《へんとうたい》という器官です。ここから分泌されるホルモンの作用によって、体がストレス反応を起こしている状態。これが生理学的に見た不安の正体です。

このストレス反応には、3つの種類があります。

1つ目が、**「闘争・逃走反応」**。これは一番最初に発見されたストレス反応で、一般的に言われる「ストレスを感じている」状態というのは、ほぼこれを指しているといっていいでしょう。ストレスを感じた体が、敵と戦ったり、その場から逃げたりする準備を始めるのです。

この反応は、もちろん生存に有利だからこそ身に付いたものなのですが、現代人は日常的にライオンに襲われたり、マンモスと戦ったりといった生活はしていません。「敵」がいない現代のストレスに対しては、あまり意味がない反応だとも言えます。

これに対して、2つ目の**「チャレンジ反応」**はどうでしょう。チャレンジ反応が起

人間のストレス反応は３種類ある

❶ 闘争・逃走反応

一般的に言われる「ストレスを感じている」状態。
現代人には、あまり意味がない反応。

❷ チャレンジ反応

自分の能力を引き出して、目の前にある課題を超えようという感情が湧いてくる状態。

❸ 思いやり・絆反応

人とのつながりを強く求めるようになる状態。

こると、自分の能力を引き出して、目の前にある課題をクリアして超えてやろうという感覚が湧いてきます。まさに、不安がワクワクに変わるのです。

3つ目の**「思いやり・絆《きずな》反応」**。これは、人とのつながりを強く求めるようになる反応です。これまた、不安を人間関係を深める可能性に変えることができるわけです。

では、基本的には不要な闘争・逃走反応ではなく、チャレンジ反応、思いやり・絆反応を不安から引き出すにはどうすればいいでしょうか。簡単です。

不安を感じたら、「不安が自分の能力を引き出してくれる」「不安は人とのつながりを強めてくれる」ということを思い起こすだけでも、望ましいストレス反応は起こりやすくなります。

不安とは、うまくやるために必要だから起きていることであり、自分の力を引き出すための道具である、ということを常に意識しましょう。

【人間関係】

進学や就職、転職や異動など、新しい環境に移って新しい人間関係をつくるのはとても不安でストレスフルなことです。だからこそ、ここでうまくチャレンジ反応に持っていければ、そこで大きな人生の転機をつかめるかもしれません。

人間関係におけるチャレンジ反応を引き出すマインドとして、「どんな面白い人に出会えるんだろう」「人と会うのが楽しみだ」と考えるようにしましょう。

【恋愛】

大災害の後など、社会全体が不安に包まれる時期には結婚する人が増えると言われています。もちろん、ストレスに対する思いやり・絆反応によるものです。

ストレスや不安にさいなまれたとき、たいていの人は「自分はなんて駄目なんだろう」「もっとしっかりしなくては」「自分は不幸だ」という方向に考えが向かいがちです。

しかし、そこで思いやり・絆反応のことを思い出しましょう。自分を責めるのではなく、人とのつながりを求める方向に意識を向けるのです。**ストレスが強くてつらい時期こそ、いいパートナーと出会えるチャンスになります。**

【仕事・お金】

自分のキャリアプランやマネープランに不安があると、たいていの人は「今の職にしがみつく」「できるだけ貯金する」という方向にいってしまいます。

これは危険に備えて身を固める、闘争・逃走反応の一種だと言っていいでしょう。

これだと可能性は広がらず、ジリ貧ですし、何より人生が楽しくなくなります。

といって、仕事で無理にリスクを取ったり、やたらに消費をするのは愚かです。そこで、合理的な範囲で自分に投資するのがいいでしょう。

たとえば、社内でやったことのない業務に参加できるチャンスがあったら手を上げてみる。勉強を始めたり、見聞を広めるための旅行をしたり、といったことにお金を使ってみる。

こうした自己投資をするなかで、自然にチャレンジ反応が起きやすくなっていくのです。

POINT

不安を、自分の力を引き出すための道具と考えよう

32

できるかどうかを考える暇があるなら、まずは「できる」と決めつけよう

―思い込みにとらわれないためには？―

できるかどうかを考える暇があるなら、
まずは「できる」と決めつけてしまおう。
結局のところ、
ヒトは自分の都合のいいように世界を見るので、
「できる」と思ったヒトには
常に解決の糸口が見えるようになる。
結果がどうなろうと、
どうせ思い込むなら「できる」と思い込むことだ。

「できる」と思うと脳が勝手に解決の糸口を探し出す

このツイートのモチーフになっているのは、エイブラハム・リンカーンの有名な言葉です。

"Determine that the thing can and shall be done, and then we shall find the way."（それはできる、やらねばならないと決断せよ。やり方は後から見つければいい）

人間は、自分の都合のいいように世界を見ています。「できるかどうか」と考えてしまうと、努力せずに済むほうが楽なので、その意味で都合のいい「やらない理由、できない理由」ばかりが見えてきます。

ところが、**まず「できる」と決めつけて動き始めてしまうと、都合のいいように世界を見る能力が逆向きに働きます。脳が勝手に解決の糸口を探しだすのです。**リンカーンは、この仕組みを経験的に知っていたのでしょう。

「それはできる、やらねばならないと決断せよ。やり方は後から見つければいい」

（エイブラハム・リンカーン）

「できる」と決めつけてしまうと、
脳が勝手に解決の糸口を探しだす。

もしかすると、できるかどうかわからないことを「できる」と決めつけることに抵抗を感じる人がいるかもしれません。「怖い」と感じる人もいるでしょう。

しかし、そもそもできるかどうかはわかりません。**できないと決めつけるのも、できると決めつけるのも、所詮《しょせん》は根拠なき思い込みであり、決めつけなのです。**

どうせ思い込むのなら、成功につながる可能性が高く、なおかつ楽しいほうがいいとは思いませんか？

【人間関係】

「あの人は苦手なタイプ。付き合えない」「自分とはすむ世界が違う。相手にされるわけがない」。

人間関係を広げたいと思っていても、そんな決めつけをした途端、脳はうまくいかない理由、動かない理由、あきらめる理由を探し始めます。

憧れの人と面識を持ちたい、これまでとは違う交友関係を持ちたい、○○業界に人脈を広げたい……といった望みがあるなら、苦手意識や気後れは禁物です。

【恋愛】

まず、「自分はあんな美人とは付き合えない」とか、「私とあの人だと釣り合わない」といった決めつけは当然、いけません。とはいえ、特に恋愛では「絶対に付き合える」とまで思い込むのは難しいことも多いでしょう。そういう場合は「いけるんじゃないか」という期待を持つようにしましょう。このくらいの控えめな思い込みだけでも、脳はうまくいく方法を探し始めます。

この思い込みは、アプローチしてみて断られたときに効果を発揮します。最終的にうまくいくはず、というのが前提なので、1回断られても「もうだめだ」とはならず、「1回目は駄目だった。たぶん3回以内にはいけるはず」といった前向きな判断ができるのです。

【仕事・お金】

目標を達成したければ、成功した自分を鮮明にイメージしろ、などと自己啓発本にはよく書かれています。ですが、**イメージを持つよりも、「間違いなくできる」と決めつけてしまうほうがシンプルで効果的です。**

たとえば、「会社を辞めても生活できる」と決めつけてしまうのです。そのうえで、どうやって生活するかを考えましょう。

今の自分の資産と能力からして、デイトレードで1日に最大で1万円稼ぐことができる。毎日やったとしても月30万円。市場が閉まる日もあるからちょっと難しい。ということは他に収入源が必要だ……というように、穴のあるところを埋めていく、**ジグソーパズルのような発想で達成に近づいていくことができるのです。**

もちろん、最終的にピースが足りなくて完成しない、ということはありえます。しかし、「できるかできないかわからない」というマインドで目標を目指すのがゼロから絵を描くことだとしたら、「できる」と決めつけて目標に向かうのはジグソーパズルの組み立てなのです。どちらがとりかかりやすく、頑張りやすく、なおかつ成功しやすいかは明らかでしょう。

POINT

どうせ決めつけるのなら、楽しいほうを選ぼう

33

―迷いを断ち切るには？―

大切なのは、一度決めたら決して振り返らないこと

大切なのは、適切な決断をすること、
そして一度決めたら決して振り返らないことだ。
実はほとんどの人が適切な判断はできる、
やるべきこともわかっている、
しかし自分を信じることができずに、
一度決めてもすぐに振り返り、
不安に耐えきれずにあきらめてしまう。
とっとと決めて振り返らず進もう。

人が最初にした決断はたいてい適切

いい決断をするだけでは成功はできません。いい決断をして、なおかつ振り返らなければ、成功の方向に進むことができるのです。

人間の直感は一般に思われているよりもはるかに正しいので、最初にした決断はたいてい適切です。

問題はその後。自分でした決断に自信が持てなくて行動をやめてウジウジと考えてしまったり、ここまでやってきたことを放棄して元に戻ってしまったり、一旦否定したほうのプランに少し手を出してみたり。それがうまくいかない理由です。しまいには、不安に耐えきれずにあきらめてしまうこともよくあります。

だからこそ、**一旦決断した以上は、結果が出るか、物理的に止まらなくてはいけなくなるまでは振り返らないで進むほうがいいのです。**

どうしても振り返りがちな人は、逃げ道を断ち切ることも必要です。わかりやすく言えば、先に会社を辞めてしまえば「転職するべきか、すべきでないか」と悩むことはできません。

後で振り向いたり、迷ったりする心配があるようなら、あらかじめ逃げ道を断ち切る行動をとっておきましょう。それが覚悟を決めるということです。後戻りできなくなるのは確かに不安なものですが、逃げ道がないからこそ、「なにがなんでも成し遂げる」という勇気が湧いてくるのです。

【人間関係】

どんな人でも、いい面もあれば悪い面もあります。

こういうところはイヤだな、と感じるたびに他人《ひと》付き合いをやめていたら、相手のよい部分を活かすことができません。そこで、**あらかじめゴールを決めて、そこまではとりあえず付き合ってみる、という決断がオススメです。**

たとえば、知り合った時に「この人といつか一緒に仕事しよう」と思ったら、そのゴールを達成するまでは、付き合ってみるのです。

こうした姿勢で付き合うことで、相手の強み、長所にフォーカスして付き合うことができます。「一緒に遊んでいて楽しい人ではないけれども、起業のアドバイスをしてもらう相手としては最高だから、その限りで付き合っていこう」といった関係を保てるわけです。

【恋愛】

決断したら振り返らない、ということは、恋愛においては相手を信じるということです。

たとえば「私と仕事、どっちが大事なの？」といった質問を相手にしてしまうようだと、すでに相手を信じられなくなっていて、「この人」と決めた決断が揺らいでしまっている状態です。

しかも、その不安を相手にぶつけてしまっています。こうなってしまうと、関係は長続きしません。

不安なあまり、相手の愛情や自分の気持ちを確認しようとして振り返ると、その行動自体が恋愛を終わらせる引き金になってしまうことがあります。くれぐれも注意しましょう。

【仕事・お金】

高い買い物をした後に、「これを買って本当によかったのかな」といつまでも考えている人がいます。自分の買ったカメラの値段の変化をわざわざネットで調べて、ずいぶん値崩れしていることを知って悔しがる人。もう家を買ってしまってから雑誌の「持ち家と賃貸、どっちが有利?」という特集を熟読する人などです。

もちろん、こんなふうに振り返ってみてもなんの意味もありません。

それよりも、せっかく買ったカメラでいい写真を撮ることを考えたほうがいいし、自宅を資産としてどう活用するかを考えるべきです。もしも、**買い物が失敗だったと結論づけるしかなくなったら、そのときは他で取り戻すことを考えましょう。**

失敗しない人はいないのですから、そこで引きずらずに前に進むためにも、振り返らない姿勢が大事です。

POINT

一度決断したら、もう振り返るのはやめよう

34

失敗できるのは、挑戦する勇気がある者だけだ

―失敗で落ち込まないためには？―

失敗できるのは、挑戦する勇気がある者だけだ。
挑戦する勇気のない人間は、
失敗することすらできない。
だから、失敗できた自分を誇っていい。
失敗を他人にバカにされても全く気にする必要はなく、
挑戦していない人間ほど、
失敗した人間をバカにしたがるのだ。
確実にあなたは彼らより前に進んでいる。

挑戦したことがない人ほど他人の失敗をバカにする

失敗したことがある人は、チャレンジしたことの意義、失敗から得られるものを知っています。失敗した人の気持ちもわかっています。だから他人の失敗をバカにしたりはしません。

失敗した人をバカにするのは、挑戦したことがない人です。

何かにチャレンジしようとしていると、失敗したときのリスクをことさらに語ってきたり、「それうまくいくの？」と鼻で笑ったりするタイプです。

だから、**失敗を叩《たた》かれたら、そんな自分を誇りに思うべきなのです**。たくさん叩かれれば叩かれるほど、失敗したことをバカにされればされるほど、「チャレンジしたことのない人がこんなにいたんだ」と理解すればいいのです。

そして、自ら「チャレンジをしたことがない」と白状しているような人たちの話を聞かないようにしましょう。

挑戦しようとしているときに聞くべきなのは、たくさん失敗をしてきた人が、その経験に基づいてしてくれるアドバイスです。

こういう人なら、あくまでも挑戦自体を評価したうえで、「そのやり方ではうまくいかない」「ここが問題」と具体的に指摘してくれますし、自分の失敗を参考として語ってくれます。だから役に立つのです。


【人間関係】


人に裏切られた、大きな失敗をして友人を失った、といった経験でトラウマを持っている人は少なくないと思います。そのトラウマゆえに、人と関わることに臆病になったり、人間関係がうまくいかない理由にしたりしてはいないでしょうか。

もしそうだとしたら、とてももったいないことです。

人間関係で傷ついたことがない人は、おそらく友達がいない人です。人と深く関わるという挑戦をしていないがゆえに、心に傷が残るほどの失敗もしていないというだけです。あなたが持っているトラウマは、人と真剣に関わろうとした挑戦の証しです。

実際、**ポジティブ心理学でも、トラウマになるような出来事を経て成長するＰＴＳＧ（Post Traumatic Stress Growth ＝心的外傷後成長）が注目されています。**

「失敗したからトラウマになって今もうまくいかない」ではなく、「失敗したからこそこれからは人間関係がうまくいく」と考え、行動すべきなのです。また人間関係でたくさん失敗したという人の話も参考にしてみましょう。

【恋愛】

訳知り顔で恋愛の成功法則を語る「恋愛マスター」に注意しましょう。女性に多いのですが、「悪い恋愛」をしている同性に上から目線でアドバイスをする、批判するというタイプです。

こういう人は、自分よりもはるかに魅力の低い相手との楽な恋愛で「成功体験」を蓄積していることがほとんどです（単純に恋愛経験が少なく、たまたますべて成功しただけ、というタイプもいます）。つまり、**成功しそうな案件しか扱っていないから成功率が高いのです。**

本来、恋愛は誰にとっても難しいものなのですから、楽をしてきただけの人のアドバイスは役に立ちません。

【仕事・お金】

一見有能そうに見えても、成功した話しかしない人には注意しましょう。もしホラ吹きでないとしたら「そつなくこなしてきた」というだけの人だからです。成長のために必要な挑戦から逃げているタイプです。

これに対して、「起業して失敗して、10億の借金を背負いました」と言う人もいます。こういうタイプの人はそれだけの借金を背負えるというだけでもすごいですし、挑戦と失敗をちゃんと経験しているのだから立派です。

仕事をしていくうえで参考にするべきなのは、圧倒的に後者のタイプなのは言うまでもありません。

POINT

たくさん失敗してきた人の話にこそ、耳を傾けよう

PART 4

壁を乗り越えるために

35

―限界を超えるには？―

あきらめる前に、もう一度だけ挑戦してみよう

あきらめる前に、
もう一度だけ挑戦してみよう。
あきらめそうになっても、
常にもう一度だけ挑戦することで、
あなたはどこまでも前に進んでいくことができる。
どうしてもつらいときには、
少し休んでも構わないから、
必ずもう一度だけ挑戦するクセをつけていこう。

人間の限界は脳が決めている

激しいトレーニングで限界まで体を追い込み、もう動けなくなっているスポーツ選手から血液を採取して本当に体が限界を迎えているのか確かめる。そんな、ちょっとひどい実験をしてみると、実際には体はまだまだ動ける状態にあったそうです。

被験者たちは、別にウソをついているわけではありません。本当に「もう動けない」と感じています。

つまり、体が限界を迎えるかなり手前で、脳が「もう限界だ」と判断しているということです。

だからこそ、アスリートは繰り返し限界まで追い込む練習をし、脳を説得する（あるいは騙す）ことによって、限界値を上げていくわけです。これこそが、鍛錬の本当の意味です。

スポーツに限らず、**私たちが「もうこれ以上は頑張れない」「もう限界だ」と感じるとき、それは脳が決めた限界にぶつかっているのです。**

客観的な限界ではありません。だから無理だと思っても、もう1回くらいは挑戦できるものなのです。やってみれば、それで脳が感じる限界値を突き抜けて成功できるかもしれないのですから。

と言っても、ひたすら限界に挑戦して頑張れ、というわけではありません。時には休息も必要です。それも、疲れてから休むのではなく、疲れる前に休むこと。なぜなら、疲れてしまうと、誘惑に負けやすくなって、一休みのつもりがそのまま挫折、ということになりかねないからです。

たとえばダイエットに疲れきった人は、「もういいや」と過食に走ってしまいがち。だから、**ダイエットするときは「チートデイ（Cheat day）」といって、1週間あるいは2週間に1度、好きなものを食べていい日を決めておくのです。**

あらかじめ「ここまで頑張ったら休む」と決めておく。そして、リフレッシュしてまた限界に挑戦する。これが大事です。

【人間関係】

どうにも相性が悪い人と付き合わなければいけないとき、どこまでも我慢して、譲歩するのはもちろんよくありません。かといって、我慢の限界が来たところで爆発して決裂、というのもうまいやり方とは言えないでしょう。

そこで、あらかじめ「あと2回、同じようなことをされたらもう付き合わない」とか、「今月中はとりあえず我慢してみる」というように、決めてしまいましょう。どこまで頑張るかを決めたうえで、相手との関係改善にチャレンジし、我慢することに疲れてしまう前に、相手との距離をおいて一休みしてみるのがいいでしょう。

【恋愛】

うまくいっているカップルは、お互いに相手にできることを精いっぱいやろうとします。それはもちろんいいことなのですが、やりすぎてどちらかが疲れてしまうと、そこから一気に関係が悪くなりかねません。

関係を長続きさせるためにも、**定期的にお互いの義務から解放されるチートデイをつくるといいでしょう**。特に結婚したり、一緒に暮らしているカップルには有効です。

【仕事・お金】

お金の無駄遣いをしがちな人は、むやみに我慢するのではなく、上手なダイエットと同様にチートデイをうまく使いましょう。

たとえば、飲みに行って散財しがちな人なら、「月に1回、この日は好きな店で好きなだけ飲んでいい」と決めるところから始めましょう。

ちなみに、節約のチートデイをつくるときには注意が1つ。

給料日後の1週間だけは、チートデイを設定しないようにしましょう。つい使いすぎてしまう時期だからです。周りも浪費モードになっていて引きずられやすいこともあります。

給料日のあと1週間は引きこもるくらいの気持ちでいると、安全です。

POINT

頑張ったら、疲れる前に一休みをしよう

36

―失敗であきらめないためには？―

頭を抱えた分だけ、あなたは成長する

頭を抱えた分だけ、あなたは成長する。
悩み考えることであなたの脳は成長し、
最適な答えをより早く出してくれるようになる。
成功した人たちは、
他人が見ていないところで
人一倍頭を抱えて考えてきたからこそ、
人前で迅速な決定を下せるようになったのだ。
悩み考えることを恐れないようにしよう。

悩みながら「試す」ことで成長できる

悩むのは、どうしてもやりたいことがあるからこそです。

理想や目標がない人は悩めません。だから、悩めるというのはそれだけでも喜ぶべきことです。なおかつ、悩み、考えることによって自分の脳が成長するのですから。

もっとも、「いつも悩んでいるけれど、あまり成長している気がしない」という人もいるかもしれません。同じ所をぐるぐる回っているだけのような閉塞感を感じている人もいるでしょう。

そういう場合、欠けているのは試すことです。**考えることは、試すという行為とセットにならないと意味がありません。**

うまくいかないことがあって悩む。解決策を考える。考えたことを試す。これでうまくいけばOKですが、まず、たいていはうまくいきません。

大事なのはこの時です。うまくいかなかったとき、ほとんどの人は、なぜかここであきらめてしまうのです。これではもったいない。

「考える」と「試す」を繰り返す

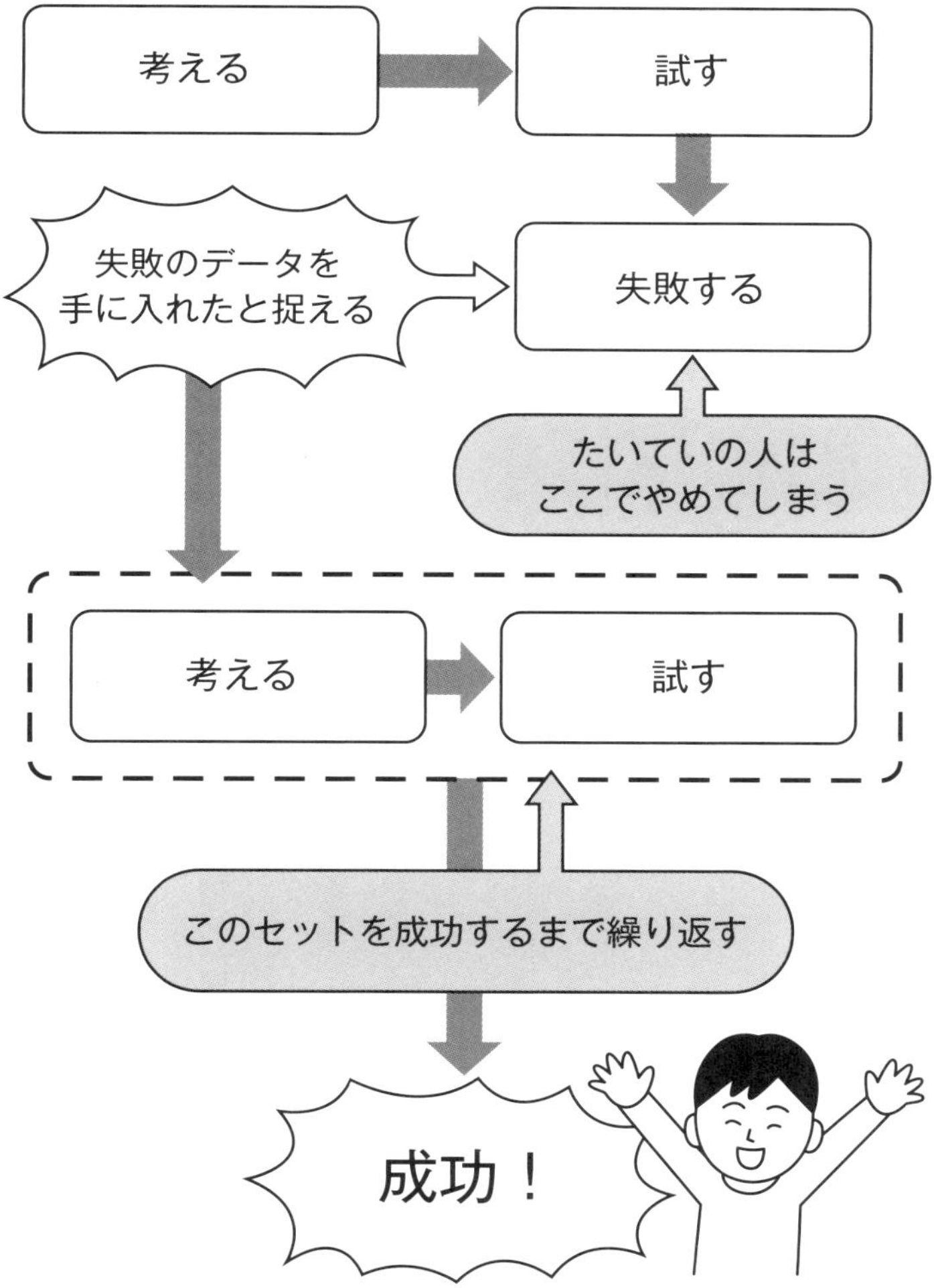

失敗することによって新しいデータが手に入ったのですから、ここでもう一度「考える」に戻ればいい。そして、また解決策を考えついたら試す。これを繰り返していくと、いずれ成功します。

他人が見ていないところで、人一倍頭を抱えて考える成功者は、同時に人一倍試しています。

これが正しく悩むということです。

【人間関係】

試すことが大事、と言っても、人は失敗を恐れるものなので、なかなか試そうとしない人が多いものです。特に人間関係については、「誘ったら迷惑なのでは」「こんな頼みごとは非常識と思われるんじゃないか」などと思ってしまうことが多いものです。けれども、考えてみてください。人に何かを頼んだときの最悪の結果は、断られることです。

でも、**断られたところで、頼まなかったときと同じ結果でしかありません。**これは、誘った場合も同じです。

だったら、積極的にアプローチしたほうが得です。もしかしたらうまくいくかもしれないのですから。

ちなみに、**他人によくものを頼む人のほうが好かれることを覚えておきましょう。**頼むということは、相手の能力を認めてお願いすることですから、相手にとっては褒められることと同じなのです。

【恋愛】

「好きなんだけど、言えない」という片思いの悩みは、よくない悩み方の典型です。まずは試してみて——つまり、告白してみて、そこで仮にうまくいかなかったら、別のアプローチを見つけてまた告白する、というのが正しい悩み方です。

何十回もアタックして最終的に相手の心を射止める人というのは、このサイクルを何度も回しているわけです。

一歩間違ったらストーカーのようですが、ストーカーは試行（告白）したときにちゃんとデータを収集しておらず、自分の思い込みだけを強めていくからストーカーなのです。

【仕事・お金】

起業に成功する人は、試す↓失敗する↓試す↓失敗する、というサイクルを回しまくって成功にたどり着きます。ただ、ビジネスでは大きく失敗してしまうと資金がショートしてゲームオーバーです。

そこで、賢い人はサイクルを1回転させるのにかかるコストをなるべく下げて、安く試すことを繰り返すのです。

起業しなくても、基本的な考え方は同じ。新しい仕事のやり方を試したいなら、納期までに余裕がある案件でやってみる。しっかり信頼関係ができている得意先に対してちょっとだけ新しい提案の仕方を試してみる。というように、**低リスクで何度も試せる方法を考えるようにしましょう。**

POINT

失敗しても「新しいデータ」が手に入ったと考えよう

37

努力の苦しみは一瞬で終わるが、努力の成果は一生続く

―努力を続けるには？―

努力の苦しみは一瞬で終わるが、
努力の成果は一生続く。
あきらめそうになったとき、　もうだめだと思ったとき、
努力する過程で苦しくなったときには、
いつもこの言葉を思い出そう。
今この瞬間耐えれば、　その苦しみはすぐ過ぎ去るが、
その一瞬を積み上げることで得たものは、
あなたの一生の財産となる。

人間は目の前の「一瞬の苦しみ」を大きく見てしまう

トイレに入って、トイレットペーパーがなくなったとしましょう。

「買いに行かなければ」とは思うものの、もう夜遅いし面倒くさい。結局、そのまま寝てしまうと、次にトイレに入ったときには絶対に後悔します。

ちょっと頑張ってコンビニに行くという努力をすれば、その苦しみは消える。それはわかっている。でもつい、ほんの少しの努力を惜しんでしまう。

努力をしなかったときの苦しみよりも、目先にある一瞬の苦しみのほうが大きく見えてしまう、というクセがヒトの脳にはあるのです。そのことを押さえておくだけで、小さな努力をしやすいマインドセット（ものの見方、考え方）になれるはずです。

努力すれば、必ず手に入るものがあります。手に入ったものは、知識や経験として自分の中に蓄積されるものですから、誰にも奪えない財産です（眠い目をこすってトイレットペーパーを買いに行ったおかげで翌日も快適に過ごせた、というのだって、立派な成功体験です）。一生減ることもありません。

そして、知識や経験が増えれば、さらに成果を得やすくなります。つまり、その後の努力から得られるものがさらに大きくなるわけです。

努力はただ積み上がっていくだけでなく、積み上げるほどに「投資効率」がよくなっていくわけです。

【人間関係】

人の脳は、無意識に自分の人間関係に適応しようとします。どういうことかというと、あなたは付き合う友人の望む姿に変わっていきますし、親しい人たちの表情を無意識のうちに真似て、しだいに顔つきまで似てきます。

つまり、**あなたは賢明な人と付き合えば賢くなり、愚かな人と付き合えばバカになるのです。**

というわけで、友人を選ぶ努力は、その後の人生に大きく影響します。なんとなく手近な人と一緒にいる、昔からの付き合いを続ける、といったやり方で、たまたまいい友人・知人に恵まれればいいですが、なかなかそうはいきません。

人付き合いを整理する、興味のある人に声をかけてみる、といった小さな努力を積み重ねていきましょう。

【恋愛】

言いたいことがあるけれども、相手の反応や態度をうかがって、結局言わなかった……ということはよくあると思います。

関係を悪くしないためにしているわけですが、これだと以後も相手の悪いところ、気に入らないところに耐えなくてはいけないわけです。

もし、言いたいことを言って関係が駄目になったとしても、その程度のことで崩れる関係なら、いずれうまくいかなくなると考えてはどうでしょうか。

他方、言いたいことを言えば、「ごめん、私が悪かった」とわかってくれる可能性もある。それなら、言いづらいけれども言う、という一瞬の苦しみを耐えて、わかってくれるまでこうした小さな努力を積み上げてみてはどうでしょう。

【仕事・お金】

節約が苦手な人というのは、節約の努力を誤解しています。四六時中、３６５日、お金を使うのを我慢しなければいけないと思っているのです。これは大きな勘違いで、実際には意志を使わなければいけないのは一瞬です。

試しに、何か買いたいものがあったら、すぐに買わずに「買いたいものリスト」に記入してみてください。欲しいものとともに、日付も記入しておきます。ネット通販なら、カートに入れてしまえばいいでしょう。そして、リストに入れて2週間なり1カ月なり、決まった期間が経過したら買ってもいいことにするのです。

実際にやってみると、2週間もたつとかなりの割合で「もういいや」となるはずです。**無駄遣いをする人というのはたいてい、衝動的に買い物をしているので、「欲しい」と思った一瞬だけ我慢する、という努力で、節約はできてしまうのです。**

また、「飲み物のペットボトルを買うのを20回我慢したら、あの店のランチを食べに行こう」という形で一瞬の努力＝我慢を積み上げる方法も有効です。

POINT

小さな努力を積み上げよう。成果は必ず手に入る

38

大切なのは、小さなことでも自分を信じて続けていくこと

努力が足りないのではなく、
繰り返しの回数が足りないだけと考えよう。
大抵のことは回数を重ねていけば楽になり、
問題をクリアできるようになる。
そう考えることで努力の習慣ができ、
あなたの人生はもっと充実する。
大切なのは、小さなことでも
自分を信じて続けていくことだ。

「習熟曲線」が示す繰り返しの大切さ

「習熟曲線（Learning curve）」といわれるグラフをご存じでしょうか。

心理学では学習の進行過程を表すのに使われ、経済学では経験の累積と生産性の関係を表すのに使われます。

労働者が物を生産するときに、生産を繰り返す回数が増えれば増えるほど、1個の製品を作るのにかかる時間的なコストは減っていくわけです。

実際、ハードディスクのような記憶装置は、1年ごとに同じ金額で容量が2倍になっていきます（これは「ムーアの法則」と呼ばれます）。繰り返せば繰り返すほどうまくなり、同じことをより簡単にできるようになっていく、というのは、当たり前の経験則のようですが、科学やビジネスの世界ではちゃんとした法則として認められていることでもあるのです。

グーグルはGメールをリリースしたとき、この法則にしたがって、コストダウンを見越した大容量を実装しました。そのおかげで、大きなシェアを得ることができたわ

繰り返すほどうまくできるようになる

学習の進行過程を表す習熟曲線

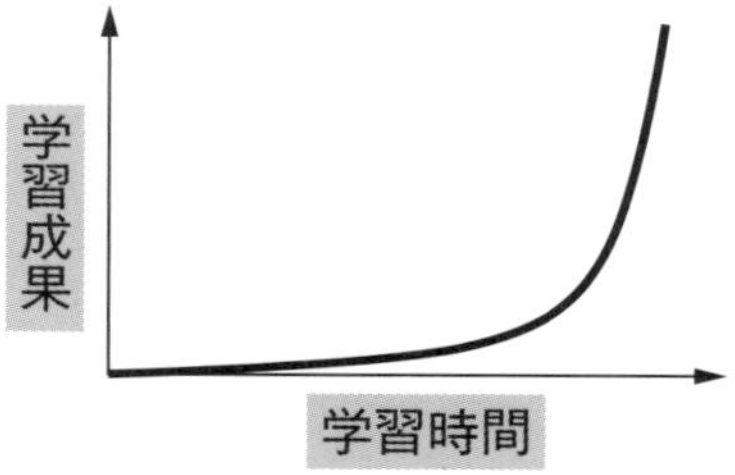

学習の成果はかけた時間に比例しては上がらない。長く停滞期が続くが、ある時点で飛躍的に成果が出せるようになる。

経験の累積と生産性の関係を表す習熟曲線

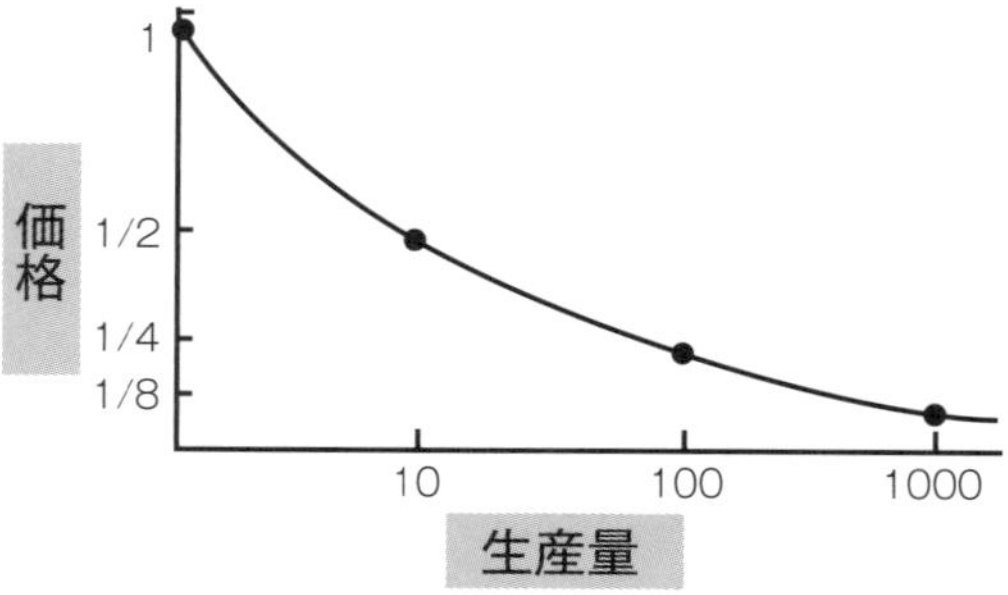

大量に生産すれば効率が上がり、技術も向上し、失敗も減る。生産量が10倍に増えるごとに価格も半分ずつ減っていく。

けです。

人は、好きなことであれば言われなくても何度もやるものです。だから好きなことはうまくなりやすい。一方、苦手なことは、苦手意識ゆえになかなかやろうとさえ思わないから苦手なままです。

どうしてもうまくいかないことにぶつかって苦手意識が出てきたときこそ、「繰り返しの回数が足りないだけだ」と考えるようにしましょう。

【人間関係】

1回話しかけたら、そっけない対応をされた。食事に誘ったら断られた。そんなことがあると、すぐに「あの人は苦手」と決めつけていないでしょうか。たしかに、苦手意識を感じさせるだけのとっつきにくさのある相手なのでしょう。

しかし、**そういう人こそ、人との関わりを求めているものです。無愛想な人に何度もアプローチする人は少ないからです。**

そっけない対応、ぶっきらぼうな態度をされても、何回も何回も話しかけるようにしてみましょう。他の人には真似のできない交友関係を築くチャンスです。頑固な職人タイプ、強面《こわもて》の上司などにも試してみてください。

【恋愛】

大学生を被験者とした興味深い実験があります。何人かの学生で、「ナンパをして断られた回数が一番多い人はその日の飲み代を奢《おご》ってもらえる」というゲームをします。

すると、**最終的にナンパの成功率が一番高くなったのは、最初にナンパが一番下手だった学生だったというのです。**

つまり、奢ってもらうことを前提に、振られてもいいと思ってたくさんの人に声をかけ、どんどん断られる。すると、次第に慣れてきて断られることが怖くなくなり、自信満々に行動できるようになって、とうとうモテるようになってしまった、というわけです。

ナンパをするかどうかは別として、これは恋愛に役立つ話です。魅力的になってモテるようになるためには、どんどんコミュニケーションをして、失敗を重ねて、失敗を恐れなくなることが一番の近道だ、ということです。

「自分はコミュ障だから」などと言っていないで、まずは恋愛対象との接触の場数を増やしましょう。

【仕事・お金】

自分に合わない職業、劣悪な環境の職場、割に合わない仕事、といったものは当然ありますが、始めてみてすぐに「こんな仕事は続けられない」と判断するのは考えものです。どうにも向いていないと思えても、回数を重ねていくうちに、だんだん慣れてきて成果を出せるようになるかもしれません。「伝説の営業マン」が、コツに開眼するまではぜんぜん売れなかった、といった話はよくあります。

ちなみに、私もフォーク曲げのパフォーマンスは相当練習を重ねました。**他の人が簡単にやめてしまうような仕事ほど、うまくできるようになれば希少価値のあるスキルになるのです。**そうすれば自然とお金もついてきます。

POINT

あきらめる前に繰り返しの回数を増やす努力をしよう

39

—誘惑に負けないためには？—

努力は自分を裏切らないが、努力を裏切るのは、いつも自分自身だ

努力は自分を裏切らないが、
努力を裏切るのは、いつも自分自身だ。
ヒトはほんの少し努力すると、
少しはサボってもいいと思うようになる。
それは努力を裏切る行為だ。
この誘惑に負けそうになったときには、なぜ自分が努力したのか、
その努力で誰が幸せになるかを考えよう。
誘惑に打ち勝つことができるはずだ。

つい自分を甘やかしてしまう「ライセンシング効果」

「朝、眠いのを我慢して5時に起き、ジムに行って1時間汗を流した。かなりしんどかったけれど、頑張ってエアロバイクを漕《こ》いだ。だから、おやつにちょっと甘いものを食べてもいいかな」

ちょっと努力をすると、こんなふうに自分を甘やかしてしまうのが人間です。

心理学的には**「ライセンシング効果」**といって、**いいことをした後には自制心が弱くなり、してはいけないことを少しはしてもいいだろう、と考えてしまうのです。**

このように、自分が頑張ったことを思い出す人は怠けてしまうわけですが、頑張った理由を思い出すようにすると、かえって自制心が高まることもわかっています。

「今日、ジムで頑張って運動をしたのはなぜだろうか。そうだ、夏までに腹筋を割るためだ。腹筋を割って、海に行ってかわいい彼女をゲットしようと思っていたんだった」と努力の理由を思い出すと、「だったらここでお菓子を食べてる場合じゃないな。今朝のトレーニングをムダにしないように我慢しよう」というように、目的に沿った

努力を裏切る「ライセンシング効果」

努力をした後は自制心が弱くなり、
自分を甘やかしてしまう。

頑張った「理由」を思い出すようにすると、
自制心はかえって高まる。

行動を取れるというわけです。

【人間関係】

「その努力で誰が幸せになるのかを考えよう」というのは、「目標達成をしたら、自分以外の誰が喜ぶだろうか」と考えるということです。これによって、自分の中にある以外のモチベーションも手に入れることができるわけです。

誰かを幸せにする目標を達成し、それによって人間関係が豊かになり、そこからまた努力のモチベーションをもらって頑張る——という好循環を起こすようにしましょう。

【恋愛】

普段から相手に寛容であろうと努力していたり、相手を喜ばせるために尽くしていたりするタイプの人は、ライセンシング効果に気をつけなくてはいけません。ついつい、**普段は頑張っているんだからと、関係を一気に悪化させるようなことをやらかしてしまうのです。**最悪の例が浮気でしょう。

常日頃から、相手に何かをしてあげるだけでなく、なぜ自分は相手のためにそこまでしてあげたくなるのか、そもそもなぜこの人を好きになったんだろう……といったところまでさかのぼって心に留めておくと、自制心が高まります。

理想的なのは、こうしたことを確認できるようなコミュニケーションが2人の間で常に行なわれていること。**自分はなぜ相手を好きになったのかを折にふれて話し、相手も話したくなるように持っていくといいでしょう**（「言わせる」感じが出てしまうと逆効果です）。

【仕事・お金】

仕事というのは、成果を評価されるものです。

成果が出ていなければ、あるいは評価が得られなければ仕事をする意味がないはずです。

ですから、仕事で成果が出ていないのに「努力したから少し怠けてもいいか」というライセンシング効果が働いてしまうのは困りものです。頑張った理由をしっかりと想起するようにしましょう。

たとえば、「今日は仕事を頑張ったから飲みに行ってもいいか」と思ったら、いったん立ち止まって「待て待て、自分が求めていたのはそれだっけ？」と考えましょう。「早く帰って家族と時間を過ごす」「読みたかった本が家にある」といった仕事を頑張った本来の理由を思い出せば、そこで踏みとどまることができます。

お金に関しては、貯金する際にはダイエットと同じように考えればいいでしょう。**あれを買うのを我慢したからこれを買っていい、ではなく、「何のための貯金か」を考えるということです。**

また、お金を貯《た》めたり増やしたりしている理由を考えることで、貯金や投資そのものが目的になってしまったり、節約などに過剰なハマり方をしてしまうことも防ぐことができます。

POINT

何かを行なった事実よりも、行なった理由を意識してみよう

40

手放す勇気が、人生を価値あるものにする

―捨てる勇気を持つには？―

本当に大切なことに集中したいなら、
ちょっといいなと思うけれど、
そこまで大切でないものを
容赦なく捨て去る勇気が必要だ。
昔も今も変わらず本当に大切な物はわずかしかないが、
現代は「ちょっといいもの」であふれていて、
大切な物が見えにくくなっている。
手放す勇気が、人生を価値あるものにしてくれる。

選択肢が多いと集中力と決断力が下がる

手元にあるものは、「要るもの」と「要らないもの」に分けられると普通は思います。それなら特に苦労はありません。

要らないものは捨てればいいだけです。要るものだけが手元に残り、大切なことにフォーカスした生活になります。これは家にあるものでも、人間関係でも、仕事でも同じです。

けれども、実際には両者の間に「ちょっといい」がある。大切なものではないが、捨てるのは惜しい気がするくらいのものです。

1日にこれだけ大量の情報に接し、身の回りにこれほどモノがあふれていることは人類史でなかったことですが、主に増えたのはこの「ちょっといいもの」です。

そのせいで、何をするにも選択肢が増え、そのぶん集中力が減り、選択によって決断力を消費してしまっている。さらに、お金や時間も無駄遣いしてしまい、自分の本当にやりたいことに注ぐリソースを失っている。これが現代人です。

「要らないもの」は何も言われなくてもいずれ捨てるでしょう。私たちが勇気を持って捨てなくてはいけないのは、「ちょっといいもの」なのです。

【人間関係】

「ちょっといい人だから」とか、「昔から付き合っているし、特に問題もないので」とかいった理由で、なんとなく付き合っている人というのは、まさに「ちょっといいもの」の人間関係バージョンです。

人間関係においては、「手放す」といってもわざわざ絶縁する必要はありません。ちょっと誘いを断わってみる、用がなければ連絡をしない、というように、消極的に手放せばいいのです。

ただ、その結果、「他人《ひと》付き合いが悪い」とか「あいつは変わった」とか言われることはありえます。それを気にせずに自分を貫けるかどうか。勇気が必要になるのはそこです。

人間関係で手放す勇気を出したいときは、「この人と過ごすよりも、もっと価値ある時間を過ごせる人がいるのではないか」と考えてみること。自分にとって本当に大切な人間関係がわかっていれば、自然とそれ以外とは距離をおけるはずです。

【恋愛】

今付き合っている相手に満足しているわけではないけれど、なんとなく別れたくない。それでいて、いつか最高の相手、運命の人と出会えるかもしれないという希望も捨てられない。恋愛において「手放せない」人の典型はこんな感じです。

こういう人は、もっといい人との出会いを期待しているので、今付き合っている相手との関係を本気でよくしていこうという努力をしません。また、今はとりあえず相手がいるから、新しい出会いを本気で探そうという努力もしない。結局、どっちつかずになってしまうのです。

遊び相手はたくさんいるから、とりあえずもう少し自由でいたい、というような人も、やはり「ちょっといいもの」が手放せない人です。

この状態だと、いつまでたっても本当に大切な恋愛は見つかりませんし、幸せになることができないまま、時間だけが過ぎていくことになります。まずはこのことに危機感を持つことから始めましょう。

【仕事】

どんな仕事にも「顧客」がいます。

このうち、たとえ「お得意さん」であってもつまらない仕事ばかり発注してきたり、やたらに時間をとらせたりする「顧客」は、早めに手放しましょう。もちろん、**勝手に関係を切れる場合は少ないでしょうから、そこに割く労力を減らす、積極的には関わらない、という形で徐々に距離を置くのです。**

仕事はくれるけれども、割のよくない「顧客」に割くリソースを節約することで、自分を成長させてくれるいい「顧客」のためにより多くの時間と労力を注ぐことができます。これが仕事の充実感、高いパフォーマンスと成長につながるのです。

POINT

「ちょっといいもの」は、勇気を持って捨ててしまおう

41

―後回しグセをやめるには？―

今すぐに始めなければ、何年たっても始めることはできない

人間には、今すぐやる人と、
後回しにして結局やらない人の2種類しかいない。
後回しにするのは一見楽そうに見えるが、
後回しにしてから改めてそれを行なうのは、
多くの意志の力を必要とし、
今すぐやることよりもずっと難しいのだ。
だから、今すぐに始めなければ、
何年たっても始めることはできない。

仕事を後回しにすると脳の疲れが増幅する

一番疲れる仕事とは、どんな仕事かご存じでしょうか？　体力を使う仕事でも、気を使う仕事でもありません。それは、やり残した仕事です。

いわゆるきつい仕事であっても、やりきった場合にはさほど疲労感は残りません。残るのは達成感です。

ところが、やり残した仕事は、会社から出ても、家に帰っても、眠ってからも、ずっと気にかかったままです。**ずっと意識し続けなければいけないために、意志力を浪費し続け、脳の疲れのもとになるのです。**

仕事を後回しにすることとは、この「やり残した仕事」をわざわざ増やし、疲れを増幅させるということです。

今でもやりたくないのに、後回しにすることでさらに意志力を消費してしまうのですから、後からやる確率はさらに低くなります。

だからこそ逆に考えると、悪い習慣をやめるためには後回しはとても効果的なのです。ケーキを食べたくなったら、「後で食べよう」と思うとだんだん食べたくなくなる、というのは心理学的に正しいダイエット方法です。

今すぐやらないことは、基本的には永遠にやることはありません。後回し、あるいは先延ばしは、あなたから成功のチャンスを奪い、自己嫌悪感と無力感を植え付けます。

「後にしよう」という考えが脳裏をよぎったら、成功を邪魔する最大の敵が現れた、と思ったほうがいいでしょう。

【人間関係】

「忙しいから連絡する暇がない」「今はそれどころじゃないから、後で連絡しよう」といった理由で、大切にするべき人との関係をおろそかに扱ってはいないでしょうか。

忙しいと人間関係をメンテナンスする暇がなくなるとしたら、多忙なビジネスマンは皆、人付き合いが少ないはずですが、実際は「できる人」ほど豊かな人的ネットワークを持っています。

超多忙な経営者などを見ていて気づくのは、彼らの「その場で連絡する」習慣です。

たとえば、Aさんと話しているときに「Bさんを紹介してください」と頼まれたら、その場でBさんに電話をかけて会食をセッティングしてしまう、というようにです。

人間関係をつなぐ行動は即座に、後でメールよりもすぐ電話、というコツを覚えておきましょう。

【恋愛】

アラサーの女性に多いのが「今は仕事で忙しいから」という理由で恋愛や結婚のことは後回しにしている人です。忙しくてそれどころではないというのは実感なのでしょうが、とはいえ、忙しい人がみんな独り身なわけではありません。

後回しにしたら、1年後にはいっそう「今はそれどころではない」と感じるようになっているはずです。

【仕事・お金】

その日の一番嫌な仕事、一番面倒くさい仕事、一番困難に見える仕事を最初に終わらせてしまえば、残りの1日を楽しく過ごすことができます。

ビジネスコンサルタントのブライアン・トレイシーは、このことを「朝一番にカエルを食べろ。もし、2匹のカエルを食べなければならないなら、より醜いほうから食べろ」と表現しています。

本当に忙しい人というのは、極限まで時間を有効活用しないと仕事をあふれさせてしまうか、体を壊してしまいます。だからこそ、「やらなきゃいけないけど、嫌だなあ。でもやらないわけにはいかない……」などと逡巡したり、スマホに逃避したりしている暇はありません。忙しい人ほど異常に決断が早く、とりかかりが早いのはそういう理由です。

例外的に後回しにしてもいいのは、前にも述べたようにやらないほうがいいことです。**無駄遣いをしがちな人は、ネットショップの発注ボタンを押すのを後回しにするクセをつけましょう。**これだけでも、かなり出費を抑えられるはずです。

POINT

「後にしよう」という考えは捨ててしまおう

42

―やる気を起こすには？―

常に何かに手を付けて、目の前のことに集中してみよう

やらなければいけないという義務感が、
あなたからやる気を奪う。
常に何かに手を付けて、
目の前のことに集中するようにしてみよう。
すると、やらなければいけないというモヤモヤはなくなり、
あなたが感じていた義務感を
充実感に変えることができる。
義務感や罪悪感を感じるのは行動してないからだ。

「期待のホルモン」を利用してやる気を出す方法

人は、義務を果たしているときには義務感を感じません。テキパキと手を動かして、仕事を片づけているときに「仕事をしなきゃ」という義務感にとらわれる人はいません。目の前のことに集中するマインドフルな状態には、充実感があります。

義務感を感じるのは、やっていないときです。義務感は自分がやるべきことをやっていないというシグナルなわけです。

義務感を充実感に変えるためには、やるべきことを始めてしまえばいい。そう言われても、「始めるためのやる気が出ないんだ」という人も多いでしょう。

やる気を出すための一番確実で簡単な方法は、手を動かすことです。**簡単な作業でもいいので手を動かし始めると、5分もしないうちに脳から「期待のホルモン」と呼ばれるドーパミンが分泌し、やる気が湧いてきます。**

まず手を動かし始めるのがダルいんだ、という人は、ゲーム化してしまうのがオススメです。

たとえば、出社してから仕事にとりかかるまでの時間をストップウォッチで計って、最短の時間で始動するにはどうしたらいいか工夫するのです。**毎朝、ちょっとした「タイムアタック」から仕事開始することで、テンションを上げて仕事にとりかかりましょう。**

【人間関係】

義務感は怠惰のサイン、なのですが、人との付き合いで義務感にとらわれたときは、ちょっと注意が必要です。

付き合う価値を見い出せない人との交流に時間を割いているために、義務的になってしまっている場合もあるからです。

そうではなく、間違いなく大切にしたい人間関係なのに義務感が強いようなら、自分が相手に何を与えられるかを考え、実際に行動してみましょう。自分が与える側になれれば、義務感や罪悪感は消えていきます。

【恋愛】

一緒に過ごす時間が長いと、どちらかがやらなければいけないことも多くなります。家事、デートや旅行の準備、さらに関係が深くなれば2人のライフプランも考える必要が出てくるでしょう。

面倒くさいからといって「やってくれないかな」という姿勢でいると、義務感や罪悪感がたまっていって、それが関係をギクシャクさせる原因になります。

そうならないように、どちらかがやれば済むことは、とっとと自分がやってしまいましょう。

家事はエクササイズのつもりで、旅行のチケット予約は最安値で買うゲームのつもりで、というように、楽しみながらやればいいのです。

【仕事・お金】

目の前の仕事に集中するためには、スケジューリングのコツがあります。

仕事をするときに、「こっちをやろうか？　それともこっちが先かな？」と選択肢があると、迷ってしまって手を付けられなくなります。

また、**複数の仕事を同時進行でやっていくマルチタスクは、大幅に効率を下げることが実験でわかっています。**効率よく仕事を片づけていくためには、あらかじめ「ここの時間帯にやるのはこの仕事」と時間とタスクを一対一で対応させておくことです。

お勧めなのは、前日の夜にスケジュールを立てること。「13時から14時はメール返信、14時から15時は明日の会議の資料作成」というように、あくまでも1つの時間帯には1つの仕事を入れるようにします。

といってもギチギチに詰め込む必要はなく、「ここは息抜き」とか「仕事の後は映画を見に行く」というように、遊びの時間帯も決めておきましょう。

「やらなくてはいけないことは常に1つだけ」というスケジュールを作ると、充実した生活を送ることができます。

POINT

行動をすれば、やる気は自然と出てくる

43

―後悔しない人生を送るには？―

嫌な仕事なら辞めればいい

嫌な仕事なら辞めればいい。
リスクはあるが自分の大好きなことしかしない人生を選ぶか、
嫌いなことに耐える
安定した人生を選ぶかはあなた次第なのだ。
人生は自分で選ぶことができる。
嫌だと思いつつも今の仕事が辞められないのは、
好きなことよりも安定を自分が選んでいるから。

人間が死ぬときにする後悔の第1位とは？

誰でも危険をおかすのは怖いものです。同時に、誰でもつまらない人生は嫌だと思っています。

そこで、嫌な仕事に耐えて安定した人生を選ぶか、リスクはあるが好きなことをやれる人生を選ぶか、という二択になるわけです。

リスクは痛みみたいなものだとすれば、ずっと好きでもないことをやっていく嫌さは慢性的な痒《かゆ》みのようなものです。骨折する痛みと、一生続く痒みだったらどちらがマシでしょうか。

骨折すると強烈に痛いですし、しばらくは動けなくもなるでしょう。しかし、しばらくおとなしくしていればいずれは治ります。ずっと痒みが続くくらいなら、骨折のほうがマシだ、と私は考えます。

そこは人それぞれの価値観があるでしょうが、あなたはどう考えるでしょうか？

大きなリスクや困難なチャレンジは、人間にとっては基本的にはストレスです。しかし、それを乗り越えたときの喜びは大きい。

かつては心身の健康にとって悪者でしかないとされていたストレスですが、**現在では、乗り越えるべきストレスがない人は、人生の満足度が下がってしまうことが脳科学の研究で明らかになっています。**

終末期医療に従事する看護師や医師などの専門家によれば、人間が死ぬときにする後悔の第1位は「もっと自分に正直に生きればよかった」だそうです。

リスクを取って失敗したとしても、自分で決断してやったことは、死の間際に懐かしく思い出せるでしょう。成功したら、達成感を思い出しながら死んでいけます。

では、嫌な仕事に我慢することで人生の半分を費やしてしまったら、走馬灯にはどんな光景が映るでしょうか。

もちろん、ほとんどの仕事には面白い部分と嫌な部分があるものです。

大事なのは、自分が嫌な仕事に耐えていると感じているかどうかです。もしもそう感じているのなら、好きな仕事を見つけるか、あるいは、嫌な仕事の中に本当に好きな事を見つけることにチャレンジをしてみるようにしましょう。

【人間関係】

何をやって生きていくか、ということと同じく、誰とともに生きていくか、という選択も幸福度に大きく影響します。我慢して相手の期待に応えることで、今ある人間関係を維持していくのだとしたら、やはりいつか後悔することになるでしょう。

嫌われるリスクがあっても自分を出すこと。それでも側にいてくれる人と付き合うようにしましょう。また、そういう友人・知人はあなたの変化を認めて、応援してくれる人たちであるはずですから、その意味でも価値があります。

【恋愛】

「駄目な人」となかなか別れられない人がいます。もうすでに全然ときめきもない、ひどい扱いをされる、金銭面などで迷惑をかけられる、といったことがあっても、相手を捨てられない人です。駄目な人というのはずっと自分に依存してくれそうな気がするので、嫌なことはありつつも安定はしているように思えるのかもしれません。

しかし、実はそうではありません。恋愛の相手に依存する駄目な人は、もっといい依存先が見つかったらすぐに乗り換えます。

恋愛では、嫌なことに耐えて安定を選んだつもりが、耐えたうえにリスクも高いという「悪いところ取り」になっていることが少なくありません。自分がそんな選択をしていたら、リスクを恐れず「別れ」を決断すべきです

【仕事・お金】

経済的に安定するには、稼げるようになるか、収益を上げてくれる財産を持つか、のどちらかが必要です。そして、**仕事にしても投資にしても、何度も小さくテストしたうえで、勝負どころでリスクをとって大きく張ることができないと勝てません。**

経済的安定を目指すのはいいのですが、せっかく貯《た》めたお金をちまちまと切り崩すだけにならないよう、勝負すべきところを見極めましょう。

POINT

リスクを恐れずに決断し、行動しよう

おわりに

運動や手を使った作業は、練習を積めば積むほど技術が向上します。

だから野球選手でも、ゴルファーでも、画家でも、バイオリニストでも、一生懸命に練習をします。

そんなことは誰もがわかっているはずなのに、「人生を充実させるには」「成功をつかむには」と考えると、ほとんどの人が「反復練習」の大切さを忘れてしまうのは不思議なことです。

ちょっとノウハウを読んだだけで効果が出ることを期待したり、それを何度か試してみて失敗しただけであきらめてしまったりするのです。

そもそも、繰り返し練習することで上達するのは、なぜでしょうか。

練習というのは、脳内に何十億とあるニューロンのつながりの中で、使えるものだけを残して、それ以外を全部消していく過程です。

人間が成功に近づく過程とは、失敗を経験することで、脳内の「うまくいかない回路」を消していくことなのです。

そう考えると、たった一度の失敗で、すべてを否定してしまうことが、いかにもったいないかわかると思います。まして、試してみることさえしないのではどうしようもありません。限られた人生の中で、どれだけ行動し、試せるかが勝負なのです。

43の短い言葉と、その実践的な応用方法をまとめた本書は、おそらく100以上の行動、試行のアイデアを提案できていると思います。しかも、科学と私の経験に裏づけられた、良質なアイデアばかりです。

本書があなたのチャレンジを後押しし、前著『ポジティブ・チェンジ』(日本文芸社刊)とともに、人生をポジティブに変える座右の書となってくれることを、心から願っています。

メンタリスト　DaiGo

[著者紹介]

メンタリスト DaiGo（めんたりすと・だいご）

慶応義塾大学理工学部物理情報工学科卒業。人の心を作ることに興味を持ち、人工知能記憶材料系マテリアルサイエンスを研究。大学在学中にイギリスのメンタリスト、ダレン・ブラウンに影響を受けて、人の心を読み、誘導する技術、メンタリズムを学び始める。英国発祥のメンタリズムを日本のメディアに初めて紹介。日本唯一のメンタリストとしてTV番組への出演多数。現在は、企業のビジネス研修、コンサルタント、遺伝子解析企業の顧問、大学の特任教授なども務めている。ビジネスから人間関係、恋愛まで、幅広いジャンルで人間心理をテーマにした著書は、累計130万部を突破。主な著書は、『自分を操る超集中力』（かんき出版）、『一瞬でＹＥＳを引き出す心理戦略。』（ダイヤモンド社）、『ポジティブ・チェンジ』（日本文芸社）など多数。

●オフィシャルサイト　http://daigo.me/

ビジネスやコミュニケーションに使える心理術を公開中。
詳しくは、メンタリストDaiGo公式ニコニコチャンネル
http://ch.nicovideo.jp/mentalistまで。

ポジティブ・ワード

2017年1月10日　第1刷発行

著　者
メンタリスト DaiGo《だいご》

発行者
中村　誠

DTP
ISSHIKI

印刷所
誠宏印刷株式会社

製本所
大口製本印刷株式会社

発行所
株式会社日本文芸社
〒101-8407　東京都千代田区神田神保町1-7
TEL 03-3294-8931［営業］, 03-3294-8920［編集］

*

Printed in Japan　ISBN978-4-537-26161-5
112161219-112161219Ⓝ01
編集担当　水波 康
URL http://www.nihonbungeisha.co.jp/

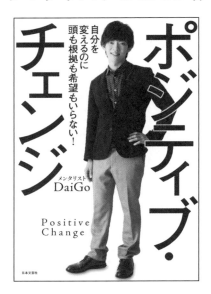